Katharina Ley

Komm zu dir, dann kommst du weiter

HERDER spektrum

Band 5846

Das Buch

Eine Einladung zur Selbstliebe, um uns und auch andere lieben zu können – wir sind oft Meister und Meisterinnen darin, uns selbst herunterzumachen. Die Dinge, die wir nicht an uns mögen, fallen uns schnell ein. Die Erfahrung von Katharina Ley: „Ich erlebe immer wieder, wie vielen Menschen es schwer fällt, täglich drei Dinge aufzunotieren, die ihnen Freude gemacht haben. Oder drei Dinge, die sie gut gemacht haben. Oder drei Dinge, die sie weiter gebracht haben. Oder drei Dinge, die sie die Schönheit des Lebens erahnen ließen. Das geht oft lange nicht. Noch nicht." Katharina Ley weiß, dass es nicht so schnell geht – und sie kennt die Verletzungen, die es so schwer machen, sich liebevoll anzuschauen. Deshalb lädt sie ein, sich auf den spannenden und auch spannungsvollen Weg zu begeben, sich selbst zu mögen, ja zu sagen zu sich selbst. Ihre Überzeugung: Es ist immer schon alles da, was wir brauchen, in jedem Tag steckt unser ganzes Leben. In jedem Tag ist alles das, was wir geworden sind und sind, enthalten. Jeder Tag ist eine neue Chance, unser Leben zu leben. Jeden Tag können wir etwas Neues versuchen, üben, erproben. Wir können jedem Tag unsere Chance geben.

Die Autorin

Katharina Ley, Psychoanalytikerin und Psychotherapeutin in eigener Praxis in Bern. Soziologin, Gruppenanalytikerin. Von 2001–2004 war sie als Traumatherapeutin in Südafrika tätig. Ihre Themen sind Frauenbiografien, Fortsetzungsfamilien, Geschwisterbeziehungen, Versöhnung mit sich selbst und anderen. Zahlreiche Veröffentlichungen.

Katharina Ley

Komm zu dir, dann kommst du weiter

Es ist nie zu spät, sich selbst zu lieben

HERDER

FREIBURG · BASEL · WIEN

Gedruckt auf umweltfreundlichem,
chlorfrei gebleichtem Papier

Originalausgabe

www.herder.de
Satz: Dtp-Satzservice Peter Huber, Freiburg
Herstellung: fgb · freiburger graphische betriebe 2007
www.fgb.de
Umschlaggestaltung und Konzeption:
R·M·E München/Roland Eschlbeck, Liana Tuchel
Umschlagfoto: © plainpicture
ISBN 978-3-451-05846-2

Inhalt

Vorwort 9

I Ankommen im Jetzt 13

Jeder Tag ist unser ganzes Leben 13

Wir und unsere Untiefen, unser Unbewusstes 18

„Jeder von uns ist mehrere, ist viele,
ein Übermaß an Selbsten“ 25

Der unerbittliche Spiegel 32

Wir sind nicht mit einem inneren Frieden
zur Welt gekommen 38

Unsere Wünsche anlächeln, jeden Tag einmal 43

Uns in jeden neuen Tag einpassen 47

Erzähle mir deine Geschichte –
ich erzähle dir meine 51

II Uns Menschen fällt es schwer,
uns selbst zu lieben 57

„Lasst alle Hoffnung fahren“ –
steht nicht nur am Eingang zur „Hölle“,
sondern auch zum „Himmel“! 57

Mit dem Herzen dabei sein 61

Liebe dich selbst wie deinen Nächsten 65

Es sei auch, wie es sei, es ist 70

Grenzen setzen – sich selbst zuliebe 74

Eigenliebe und Selbstliebe 80

Selbstwert und Selbstliebe 84
Partnerliebe und Selbstliebe 88

III Sich selbst zuliebe –
es ist immer wieder anders 93
Viele Dinge verlaufen nicht
nach unseren Wünschen 93
Fehler machen – Fehler verzeihen 99
Umgang mit destruktiven Gefühlen 103
Krankheit und Schmerzen 109
Alter und Sterben 114
Wir selbst lehren die anderen,
wie sie mit uns umzugehen haben 119
Wenn wir uns mit anderen vergleichen 126
Sich selbst werden 130
Versöhnung mit sich selbst 134

IV Einladung zur Selbstliebe 139
Aufhören, sich für Schritte zu entschuldigen,
die man nicht tut 140
Mit eigenen Ansprüchen und denen anderer
umgehen können 146
Gut genug sein 151
Ganz werden 157
Was mir hilft, mich selbst zu lieben 160
Sich die Erlaubnis geben 168
Gelassen und großzügig werden 172
Die schönen Seiten an sich und an den
anderen erkennen 176

Ausklang 181

Dank 182

Anhang 183

Literatur 183
Anmerkungen 187

Pour Fred

Vorwort

Sich selbst lieben: das Schwierigste, was es gibt. Eines Tages kann es einfach werden, ganz natürlich und selbstverständlich, weil eine Frau oder ein Mann gemerkt haben, dass es sich einfacher leben lässt, wenn man sich selbst nicht im Weg steht.

Ich habe dieses Buch geschrieben, um dazu einzuladen, sich selbst zu lieben und sich mit seinem Leben zu versöhnen. Das Leben wird dadurch leichter, lebenswerter, freud- und friedvoller. Vor allem werden Menschen mitfühlender und solidarischer, wenn sie sich selbst annehmen und lieben. Nicht immer, aber immer öfter. Darum geht es. Vor allem können wir die anderen nicht wirklich lieben, wenn wir es bei uns selbst nicht vermögen.

Stimmt das? Kann ich das lernen? Ist das nicht egoistisch? Woran halte ich mich dann? Woher nehme ich meine Sicherheit? Ist das nicht Selbstbetrug? Was soll es mir bringen?

Ich kann das einfach nicht, mich selbst lieben.

Solche Fragen und Zweifel höre ich täglich in meiner psychotherapeutischen Praxis und auch in meinem sonstigen Umfeld. Ich höre die Zweifel in allen möglichen Varianten und Schattierungen. Und ich sehe das Leiden von Menschen, die sich selbst nicht lieben, die oft auch andere nicht lieben, die das ganze Leben als eine Zumutung erleben und in dieser Zumutung unglücklich verharren. Ich erlebe, wie diese Menschen von mir ein Zauberwort hören möchten, das ihnen aus ihren Problemen heraushelfen könnte. Ich habe dieses Zauberwort nicht. Aber ich habe inzwischen einen Erfahrungsschatz, aus dem heraus ich Menschen in ihrer Suche nach sich selbst, beim Klären ihrer Zweifel und Fragen und bei der Suche nach möglichen Problemlösungen begleiten und unterstützen kann; ihnen eine Idee geben, eine Einladung an sie aussprechen, ihnen ein Innehalten vermitteln, eine Frage und eine Aufgabe stellen kann.

Ich habe in meiner Vorstellung das Bild eines großen Rades. In der Mitte, wo sich alle Speichen treffen, befindet sich die Liebe zu sich selbst und zu anderen. Die folgenden Kapitel bilden die Speichen: Von immer neuen Themen her wird die Liebe zu sich selbst und zu anderen erschlossen. Und am Schluss ist das Rad ausgeglichen und stabil genug, um sanft und unentwegt zu rollen.

Wer bin ich? Was will ich eigentlich? Lebe ich mein Leben oder stelle ich mir mein Leben lediglich vor? Lebe ich mein eigenes Leben? Kann ich mich annehmen und lieben? Kann ich andere annehmen und lieben? Was ist Liebe? Mit diesen Fragen möchte ich mich im Folgenden beschäftigen. Es ist eine Art Meditation zu verschiedenen Themen rund um die Liebe zu sich selbst und zu anderen. Zu jedem dieser Texte gehört eine „Einladung“, das heißt Fragen, Meditationen und Übungen, die dazu führen können, sich selbst besser zu kennen, sich anzunehmen und sich lieben zu lernen. Letztlich geht es um Reifung und Wandlung unserer selbst.

Ich erlebe, wie schwer es vielen Menschen fällt, täglich nur drei Dinge zu notieren, die ihnen während des Tages Freude gemacht haben. Oder drei Dinge, die sie gut gemacht haben. Oder drei Dinge, die sie weitergebracht haben. Oder drei Dinge, die sie die Schönheit des Lebens erahnen ließen. Oder drei Dinge, die darauf schließen lassen, dass sie sich selbst annehmen und lieben. Aus solchen Erfahrungen mit mir selbst und mit meinen Mitmenschen in Praxis und Freundeskreis sind die folgenden Ausführungen und Einladungen entstanden.

Sich selbst zu lieben ist kein neues Thema, sondern ein uraltes, bereits in der Bibel und bei den Mystikern vorhandenes Anliegen. So wie Selbst- und Nächstenliebe ein Leben lang geübt werden müssen, so werden sich die Menschen aller Epochen zu diesem Thema Gedanken machen. Und so reiht sich dieser Text ein in eine lange Folge von Gedanken um die Liebe zu sich selbst und anderen. Ich kenne viele solche Texte, die mir immer wieder helfen, leichter und glücklicher, dankbarer und versöhnlicher zu werden. Es ist immer noch so, dass ich diese Texte brauche, sie mit mir trage, darin lese, manchmal täglich, in schlaflosen Nächten, in schwierigen Momenten. Sie führen mich auf mich selbst zurück. Darum geht es letztlich. Wenn wir wieder bei uns selbst angelangt sind, dann kann es mit uns weitergehen.

Es wäre schön, wenn das Glück, das ich beim Schreiben immer wieder empfinde, auch auf die Leserin und den Leser überginge. Ein Thema färbt immer ab. Über Selbstliebe und die damit verbundene Liebe zu anderen zu schreiben wärmt und öffnet das Herz.

I

Ankommen im Jetzt

Jeder Tag ist unser ganzes Leben

In jedem Tag ist alles enthalten, was wir geworden sind und werden können. Jeder Tag bietet eine neue Möglichkeit, unser Leben zu leben. Jeder Tag ist etwas Neues: Unsere Körperzellen erneuern sich, wie wir wissen; unsere Seele ist im Fluss des Erlebens, jeder Tag bringt neue Überraschungen und Herausforderungen. Jeden Tag können wir etwas Neues versuchen, üben und erproben. Wir können jedem Tag bewusst eine Chance geben.

Gleichzeitig ist alles bisher Erlebte in unserem Körper und in unserer Seele gespeichert. Weder Körper noch Seele vergessen, was bisher war. Das Erlebte will verstanden und angenommen werden, damit man sich der Gegenwart zuwenden kann. Oft ist es notwendig, sich mit dem Erlebten, auch Erlittenen, zu versöhnen, um im Hier und Jetzt anzukommen.

Der heutige Tag: das ist das Jetzt, der gegenwärtige Moment. Er ist real, er findet jetzt gerade statt, er ist einzigartig und unwiederbringlich.

Eine Freundin hat mir vor vielen Jahren folgenden Satz mitgegeben: „Es ist nie so schön wie jetzt." Und sie hat hinzugefügt, dass das auch dann stimme, wenn einem die Tränen die Wangen herunterrinnen. Das Einzigartige sei doch, dass wir uns des Jetzt bewusst seien.

Es stimmt. Es gibt Augenblicke, in denen ich mich in den Arm kneife, in denen ich mir sage „jetzt, nur jetzt".

Jetzt findet mein Leben statt und dieser Moment ist nur jetzt. Ich verankere mich in dem, was nun ist und was vorbeigeht, weil das Leben im Fluss ist.

Wir haben oft nicht die Geduld und Gelassenheit, das Jetzt als Jetzt anzuerkennen und uns seiner Einzigartigkeit bewusst zu werden. Wir hängen an der Vergangenheit, wir denken an die Zukunft oder beides. Wir sind gar nicht da, wo wir sind, nämlich in der Gegenwart. Sie will ausgekostet werden. Daraus entsteht alles Kommende.

Der Alltag beschert uns viele, zu viele kleine und größere Aufgaben: einen Artikel lesen, uns für eine Weiterbildung entscheiden, Zahlungen erledigen, endlich diese Telefonate führen, einen Krankenhausbesuch machen, die Pflanzen pflegen, eine Sitzung vorbereiten, etwas nachlesen, zum Postfach gehen, einen Brief schreiben, überlegen, was wir morgen Abend den Gästen kochen wollen, zuvor einkaufen gehen. Vielleicht wissen wir gar nicht, was jetzt eigentlich wichtig ist, die Tätigkeit an und für sich oder nur das Ergebnis. Oder dass wir nichts vergessen dürfen. Oder die Sorge, ob das Essen morgen gelingt. Oder vielleicht hätten wir die Pflanze noch düngen sollen. – Solche ungemütlichen Überlegungen weisen darauf hin, dass der Alltag zum Hindernislauf wird, zur Pflichterfüllung. Die Gegenwart, das Jetzt, hat keinen eigenständigen Wert mehr, weil wir uns permanent in der Vergangenheit und in der Zukunft befinden. Das ist anstrengend und nicht befriedigend. Wir tun uns nichts zuliebe, wenn wir die Gegenwart überspringen.

Ein Beispiel. Elsa erzählt: „Manchmal verzweifle ich an allen Routinearbeiten, die ich täglich erledigen muss. Sie drohen meine ganze Freizeit zu verschlingen. Ich weiß nicht mehr, wo ich selbst dabei bleibe. Ich funktioniere nur noch. Mittlerweile habe ich gelernt, hin und wieder alle anstehenden Pflichten zur Seite zu schieben und spazieren zu gehen. Ich suche den nahen Wald auf, betrachte die Bäume, streiche mit den Händen über die Baumstämme. Ich atme tief durch. Ich nehme die Stimmung des Waldes auf und setze bewusst Fuß vor Fuß. Dann wird es langsam ruhig in mir. Es gibt dann nur diesen kostbaren Moment. Alles andere ist unwichtig. Und ich weiß, dass ich alles Anstehende später erledigen werde.

Vergangenen Monat ist eine liebe Freundin von mir ziemlich unerwartet gestorben. Und ich steckte wieder einmal tief in meinen Alltagsverstrickungen drin. Und dann kam dieser Schock, der bei aller Trauer um den Verlust für mich zu einem Weckruf wurde. Von einem Moment zum anderen hatten sich meine Prioritäten verschoben. Ich wusste wieder, was in meinem Leben wichtig ist: meine Beziehungen. Und die Sorge um mich selbst, damit ich meine Freundschaften bewusst und gegenwärtig leben kann."

Was wir geworden sind, kulminiert im jetzigen Moment. Was wir werden möchten, nimmt im jetzigen Moment seinen Ausgang. Es gibt kein Morgen ohne das Heute. Die Zukunft entsteht aus der Gegenwart. Wir können sie nicht überspringen. Wir können zerstreut in ihr weilen, ohne zu merken, dass gerade der jetzige Moment seine Einzigartigkeit hat. Mit Andacht Pflanzen gießen, jetzt. Mit Konzentration kochen und es mit allen Sinnen auskosten. Mit Hingabe einen Brief schreiben und sich freuen, wie die Gedanken kommen und wie die Feder über das Papier läuft. Oder dasitzen und merken: Ich habe keine Ahnung, was ich schreiben soll. So ist es jetzt. Ich trage die Verantwortung für diesen Moment. Das Leben ist jetzt. Ich hadere nicht, ich bin. Ich spüre meinen Herzschlag. Ich spüre mich im

Leben drin. Schreiben oder nicht schreiben ist unwichtig: Ich bin mit dem Leben verbunden.

Wenn wir das Jetzt würdigen, dann merken wir: Jetzt spüren wir unsere Lebendigkeit. Das Jetzt enthält Lebenskraft. Es ist die Quintessenz unseres Seins. Wir würdigen darin alles Gewesene, alles Jetzige, alles möglicherweise Kommende. „Jetzt“ ist der Ankommens- und Ausgangspunkt, der springende Punkt, unser Lebenspunkt. Jede Stunde und jeder Tag sind unser ganzes Leben.

Lise ist Kindergärtnerin. Sie ist immer wieder fasziniert davon, wie sich die Kinder auf den Moment einlassen können. Wie es dann für sie gar nichts anderes mehr gibt. Wie sie glänzende Augen bekommen – als beinhalte der gegenwärtige Moment, dieses Spiel, dieses Lied das ganze Leben. Wie die Kinder lachen und staunen könnten über die magischen Wunder des Lebens: über einen Platzregen, einen blühenden Löwenzahn auf der Winterwiese, ein Pferd mit Reiter, ein geglücktes Spiel, einen Purzelbaum. So versuche auch sie selbst immer wieder, Kind zu sein. In der Gegenwart zu sein. Zu staunen und sich zu freuen und sonst gar nichts.

Von Martin Luther stammt der Ausspruch, dass er heute selbst dann ein Apfelbäumchen pflanzen würde, wenn er wüsste, dass morgen die Welt untergehe.. Das Morgen liegt nur bedingt in unserer Hand. Das ist ein Grund, das Heute, das Hier und Jetzt, auszukosten.

Das lohnt sich auch dann, wenn der gegenwärtige Moment nicht ganz unseren Wünschen entspricht. Vielleicht gelingt es uns selbst dann, ja zu sagen zum Gegenwärtigen, zum Unvollkommenen. Kein Mensch in dieser Welt kommt ohne Fragen, Zweifel, Verwirrungen und Probleme aus. Es gibt da keine Ausnahmen. Wer seine eigene Mitte, seinen inneren Halt sucht, entdeckt die Zuversicht, in sich selbst zu Hause zu sein. Jetzt. Mit diesem inneren Halt in unserer Mitte gewinnen wir die Kraft und die Fähigkeit, mit allen Schwierigkeiten und Widersprüchen umzugehen und uns ein Stück weit von den äußeren Umständen frei zu machen.

Einladung

Wir wachen morgens auf; wie an schon so vielen anderen Morgen. Aber dieser heutige Morgen ist besonders. Wie denn? Können wir es formulieren, inwiefern dieser einzigartige Morgen nur sich selbst gleicht – und unser ganzes Leben ist? Kein Morgen ist gleich.

Wir stehen auf und machen uns bereit für den Tag, für diesen einzigartigen Tag, wie schon so viele Male. Doch heute ist jetzt, und dieses Jetzt ist besonders, nur heute. Darin ist unser ganzes bisheriges Leben enthalten. Und dann geht es weiter, in diesen jetzigen Tag hinein. Vielleicht ist es dasselbe wie immer, wie jeden Tag. Doch wir haben die Möglichkeit, diesem Tag eine besondere Note zu verleihen, uns selbst eine Chance zu geben.

Wir können etwas Neues ausprobieren. Es können kleine Dinge sein: einen Menschen grüßen, den wir bisher nicht gegrüßt haben, einen neuen Weg zur Arbeit nehmen oder unsere täglichen Aufgaben ganz bewusst und achtsam angehen, Schritt für Schritt, eine nach der anderen, und jede kleine Aufgabe hat ihren eigenen Wert. Und wenn der Tag und die Sonne dann niedergehen und nie wieder kommen werden, dann „sei es, wie es sei, bös oder gut, es heißt, der Tag ist vorbei".

Wenn wir nur einen einzigen Tag als die Summe der vielen Jetzt-Momente erleben und spüren, dass der Tag mehr ist als die Summe dieser Teile: dann haben wir viel erlebt.

Das ist genug. Das ist schon viel. Wir schenken uns Aufmerksamkeit und Achtsamkeit, wir nehmen wahr, was ist, und vielleicht mögen wir uns einen Hauch von Zuneigung, von Liebe zu uns selbst schenken. Und vielleicht lockt es uns, es wieder zu probieren.

Wir können versuchen, die Lebendigkeit in unserem Körper zu spüren, von Kopf bis Fuß, in jeder Zelle. Jetzt.

„Es ist nie so schön wie jetzt." Wir können uns dazu einladen, diesen einen Satz viele Male vor uns herzusagen. Es ist nie so schön wie jetzt. Wir nehmen uns Zeit. Wir sind ernst dabei. Wir sind leicht dabei. Wir weinen vielleicht ein paar Momente lang, aber wir fahren damit weiter fort, uns diesen Satz zu sagen. Wir lachen möglicherweise danach. Wir sind. Wir sind ganz ruhig, ganz einfach, ganz selbstverständlich da.

Wir fahren fort damit, diesen Satz zu sagen. Wir kommen mehr und mehr im jetzigen Augenblick an. Das ist das Wichtige: uns im Jetzt zu erleben. Wir wissen, dass das Vergangene und das Zukünftige darin enthalten sind. Es ist nie so schön wie jetzt, weil der jetzige Augenblick – und wir in diesem Augenblick – einzigartig sind.

Es braucht etwas Übung, eine gewisse beharrliche Regelmäßigkeit über Tage und Wochen hin, um dieses Jetzt und dessen Einzigartigkeit zu spüren: in uns selbst.

Wir und unsere Untiefen, unser Unbewusstes

Die meisten natürlichen Gewässer haben ihre Untiefen. Es sind Unregelmäßigkeiten am Grund, die Wasserwirbel und andere Unregelmäßigkeiten im Wasserlauf zur Folge haben können. Die Natur ist unberechenbar. Das Schwimmen in natürlichen Gewässern birgt immer gewisse Gefahren in sich. Die Untiefen verändern sich laufend. Es gibt keine Sicherheiten. Es gibt nur eins: gewahr werden und achtsam sein.

Wir Menschen haben auch Untiefen. Es ist bei den Menschen dasselbe wie bei den Gewässern: Vor Untiefen hat man sich in Acht zu nehmen. Sie sind unberechenbar und können gefährlich werden. Es ist gut, um diese Untiefen zu wissen.

Auch wenn die Untiefen gefährlich werden können, gehören sie doch zu den Gewässern und zu den Menschen. Wasser ist im permanenten Fluss. Blut und Atem sind im permanenten Fluss. Der Geist weht, wo er will. Bewusstes und Unbewusstes sind in uns in Bewegung. Manchmal zeigt uns ein Traum oder eine Vergesslichkeit eine Untiefe in uns an. Sie mag uns aufhorchen lassen oder gar ängstigen. Solange Bewegung stattfindet, gibt es Unvorhergesehenes, gibt es Untiefen. Erst der Tod bringt Erstarrung.

Untiefen fordern ihren Respekt; sie erfordern ein Kennenlernen, ein Vertrautwerden damit im Wissen darum, dass sie sich ständig verändern. Das Jetzt ist im Wandel begriffen.

Ein Beispiel. Katrin erzählt: Im vergangenen heißen Sommer habe ich einen jungen Mann in einem reißenden Fluss ertrinken sehen. Ich saß mit Freundinnen am Ufer des Flusses am Feuer. Eine Gruppe junger Menschen ließ sich im Wasser treiben. Wir erstarrten, als wir einen Mann versinken sahen. Wir hatten keine Chance, ihm zu helfen. Die Wellen rissen ihn weiter. Es geschah weit draußen im Fluss. Seine Kollegen schwammen mit und kamen uns kurz danach schluchzend fragen, ob wir ihren Kollegen hätten aus dem Wasser herauskommen sehen. Sie hätten ihn verloren ... später wurde sein toter Körper geborgen, weit unterhalb jener Stelle, an der wir gesessen hatten. Es war an diesem Fluss in meiner Stadt, in den wir im Sommer täglich springen und uns ein Stück weit treiben lassen. Seit Jahrzehnten. Seit diesem Unfall haben wir uns nicht mehr in den Fluss gewagt. Er ist uns unheimlich geworden. Er hat gefährliche Untiefen und Wirbel. Wir haben es immer gewusst, aber jetzt ist alles anders geworden. Es braucht Zeit, bis wir wieder neuen Mut fassen werden. Doch schon am Morgen danach und an jedem neuen Tag ist der Fluss wieder voller Menschen, die sich lachend flussabwärts treiben lassen. Als wäre nichts geschehen.

In unseren eigenen Untiefen, im Unbewussten, gären zuweilen erschreckende Gedanken, plötzliches Erschrecken, unerklärliche Ängste. Aus Träumen, die uns nicht vertraut sind, erwachen wir irritiert und verstimmt: Wo kommen diese Träume her? Sind es unsere eigenen Träume? Was hat der immer wiederkehrende Alptraum zu bedeuten?

Aber ja: Wir sind unsere eigenen Traumregisseure. Unsere oft unergründliche Seele hat während des Schlafes den Traum zum Leben erweckt. Ärger, Ängste, Schuld, Scham, Neid und Eifersucht spielen bei der Entstehung von Träumen eine wichtige Rolle. Im Traum werden für diese Emotionen Bilder geschaffen: Personen, Figuren, Tiere und Symbole.

Es lohnt sich, diesen eigenen Bildern nachzugehen und sie zu fassen zu versuchen. Manchmal sind es nur Fetzen, die uns in Erinnerung geblieben sind. Doch auch diese Fetzen verdienen unsere Aufmerksamkeit. Wenn wir sie aufschreiben oder erzählen, mag sich der weitere Traum wieder einstellen.

Die Träume bieten einen geheimnisvollen Zugang zu unseren Untiefen, zu unseren verborgenen Gefühlen, zum Unbewussten. Sie sind ein Schlüssel zum Verstehen unserer selbst; ebenso wie irritierende Impulse, denen wir uns ausgeliefert fühlen. Vielleicht ertappen wir uns manchmal bei so genannten ungehörigen Gedanken, bei brutalen Impulsen, bei seltsamen Tagträumen. Sie wollen uns etwas über uns selbst mitteilen.

Es gibt auch schöne Bilder, die aus dem Unbewussten aufsteigen: Was wollen sie uns sagen? Sind diese Träume schöner als unsere Realität? Sind wir zu wenig bemüht, immer wieder Schönheit in unserem konkreten Leben zu wünschen und zu erschaffen?

Träume wollen nicht bewertet und in gute und böse eingeteilt werden: Sie möchten verstanden werden.

Träume machen sich oft an so genannten Tagesresten fest, an einem Erlebnis des Tages, das ein früheres Erleben wachruft, das noch nicht hinreichend verstanden und verarbeitet worden ist. Bei allem, was wir denken und tun oder vergessen und nicht tun, ist die Seele an der Arbeit. Sie arbeitet in Bildern. Die Bilder sind unsere Bilder, die wir uns bewusst machen können. Das ist eine Art von Zähmung. Es lohnt sich, die Träume der Nacht und auch des Tages so liebevoll und achtsam wie möglich zu betrachten und zu wissen, dass gleichzeitig immer etwas offen bleibt.

Ein Beispiel. Urs kommt in die Therapiestunde und klagt, dass er zurzeit ganz dumme Träume habe. Ich frage ihn, ob es denn dumme Träume gäbe. Er sei sein eigener Traumregisseur. In seinen Träumen melde sich sein Unbewusstes. Urs erzählt, dass er jeden Abend todmüde in sein Bett sinke. Er merke oft, dass er den Tag gar nicht abschließen könne, weil die Müdigkeit ihn so stark überkomme. Und dann tauche das Unerledigte in seinen Traumfetzen auf. Er vergesse seine Tasche im Bus, er verlege seine Sitzungsnotizen, er komme zu spät zur Arbeit. Das sei doch dummes Zeug.

Wir tauschen uns darüber aus, wie er zu sich selbst gut sein kann. Wie er sich vor dem Einschlafen entspannen kann. Er kann sich beispielsweise notieren, was ihm an diesem Tag gelungen ist und was weiter ansteht. Aufschreiben ist eine Form von Gedanken niederlegen und ablegen. Morgen ist ein neuer Tag. Dann muss er seine unerledigten Dinge nicht in die Träume mitnehmen. Vor dem Einschlafen darf er sich ganz bewusst einen guten Traum wünschen.

Machen wir uns uns selbst nicht zum Feind, sondern zum Freund. „Wenn du einen Freund willst, so zähme mich", sagt der Fuchs zum kleinen Prinzen. Wir können auch uns selbst zähmen. „Man kennt nur die Dinge, die man zähmt" und „Man sieht nur mit dem Herzen gut"[1]

Zähmen kann nur in Liebe, vom Herzen her, geschehen. Sonst wird das Zähmen zur Unterdrückung, zur Verdrängung, zur Gewalt an sich selbst.

Sich selbst mit allen Höhen und Untiefen zum Freund werden: Das sind wir uns schuldig, wenn wir uns selbst lieben. Ab und zu regt sich Widerstand in uns, empfinden wir Ärger und Ablehnung gegenüber unserem Unbewussten, das sich in Träumen und unangenehmen Gefühlen zeigt. Auch da können wir versuchen, uns in Liebe anzunehmen. Erst wenn wir uns nicht mehr im Widerstand zu uns selbst befinden, können wir uns wandeln. Unsere Untiefen und die Gefühle, die sie uns bescheren, sind auch unser Schatz, unsere Kraft, unsere Lebendigkeit, unser Wandlungspotential.

Es gibt mannigfaltige Geschichten darüber, wo der Schatz unseres Lebens verborgen ist.[2]

Viele Menschen reisen weit in der Welt herum, um diesen Schatz zu suchen. Und eines Tages kommen sie mit leeren Händen von diesen Reisen zurück und erkennen, dass der Schatz in ihnen selbst liegt und entdeckt werden will. Es gehört zum Wesen des Schatzes, dass er gefunden werden will.

Einladung

Unser Unbewusstes äußert sich in Träumen, in Projektionen, in auftauchenden Bildern, in Impulsen und Gefühlen, die wir bei uns noch nicht kennen. Sie alle möchten uns etwas mitteilen. Können wir sie benennen, Bilder finden, die ihnen nahe kommen? Wagen wir, die Träume aufzuschreiben, nachdem wir nachts oder beim Aufwachen ein paar Stichworte notiert haben, damit wir die Bilder nicht vergessen? Vielleicht versuchen wir den Traum zu interpretieren.

Dazu gibt es viele verschiedene Techniken, über die man sich in entsprechenden Büchern informieren kann. Wir dürfen aber auch hier uns selbst vertrauen und unsere Aufmerksamkeit liebevoll auf die eigene Erfahrung lenken:

- Wir versuchen das Gefühl, das wir beim Aufwachen aus dem Traum hatten, zu benennen.
- Wir phantasieren frei und ohne uns selbst grenzen zu setzen zum Traum, notieren, was uns einfällt.
- Wir nehmen beispielsweise alle im Traum vorkommenden Figuren und Personen als Teile unserer selbst wahr und versuchen zu erkennen, was uns unser Traum erzählen will.
- Wenn der Traum ein für uns erschreckendes Ende hat, träumen wir ihn wach weiter und führen ihn zu einem guten Ende.

Wenn wir unter schweren oder „dummen" Träumen leiden, dann gehen wir möglicherweise zu belastet zu Bett. Es lohnt sich, sich selbst am Abend etwas Gutes zu tun: einen Tee zu kochen, Musik zu hören, den Tag mit ein paar Aufzeichnungen niederzulegen, ein Gedicht zu lesen und getrost der Nacht entgegenzusehen. Morgen ist auch ein Tag.

Es lohnt sich, unsere Träume nachwirken zu lassen, einfach so, weil sie zu uns gehören. Wir sind die Traumregisseure. Vielleicht notieren wir uns vorerst alles das, was uns bewusst ist, was wir kennen und können, womit wir uns vertraut fühlen. Und dann wagen wir uns an die schwerer erklärbaren Dinge in uns. Wir wagen es, Impulse, Ängste und Träume zur Kenntnis zu nehmen. Einfach so. Weil sie zu uns gehören und weil sie uns etwas über uns mitteilen wollen, jetzt, gerade jetzt, nicht gestern, nicht morgen, heute. Vielleicht sprechen wir mit einer vertrauten Person darüber, weil die anderen bei uns meist mehr sehen als wir selbst.

Neben den Träumen haben wir andere Möglichkeiten, unsere Untiefen zu erkunden. Wir alle kennen plötzliche Eingebungen und Einfälle, unbeabsichtigte Gedanken, unvermittelte Bilder, unerklärliche Vergesslichkeiten und Fehlleistungen. Wenn wir gegenüber unseren täglichen Unerklärlichkeiten, Irritationen und Träumen eine liebevolle Aufmerksamkeit und Zuwendung bekunden, nehmen wir sie an. Es ist eine Form des Ankommens im Jetzt und bei uns selbst.

Haben wir uns schon auf die Suche nach unserem Schatz gemacht, nach unseren Quellen, unseren Möglichkeiten und Verheißungen? Glauben wir daran, dass wir den Schatz nur in uns selbst finden?

„Jeder von uns ist mehrere, ist viele, ein Übermaß an Selbsten"

„Jeder von uns ist mehrere, ist viele, ein Übermaß an Selbsten. Deshalb ist, wer die Umgebung verachtet, nicht derselbe, der sich an ihr erfreut oder unter ihr leidet. In der weitläufigen Kolonie unseres Seins gibt es Leute von mancherlei Art, die auf unterschiedliche Weise denken und fühlen."[3]

Dies hat der portugiesische Autor Fernando Pessoa im Jahre 1932 in Lissabon festgehalten. Er hat seinen verschiedenen Selbsten sogar Namen gegeben. Eines dieser Selbste, der Hilfsbuchhalter Bernardo Soares, hat „Das Buch der Unruhe" geschrieben. „Sei vielgestaltig wie das Weltall" war seine Devise zum Schreiben. Das Wort „Pessoa" bedeutet im Portugiesischen „Person, Maske, Niemand". Mithilfe des Konzeptes der verschiedenen Selbste gelang es Pessoa, die vielfältigsten und widersprüchlichsten Texte zu wagen und sich selbst als vielfältigen Menschen mit seinen Selbsten wahrzunehmen.

Pessoa hat auch unter seinen Selbsten gelitten: „Oh, welches Opium für mich, wenn ich ein anderer wäre. Ah, dass ich nicht alle Menschen und überall bin." Er hat sich auch zur Liebe zu sich selbst geäußert. „Wir lieben niemals irgendjemanden. Wir lieben ganz allein die Vorstellung, die wir uns von jemandem machen. Unsere eigene Meinung – letztlich also uns selbst – lieben wir."[4]

Es gibt die verschiedenen Selbste bei jedem Menschen. Wir können sie daran erkennen, dass wir uns zuweilen von einem Augenblick zum anderen anders fühlen. Jemand sagt uns etwas, das uns verletzt, und wir fühlen uns im Handumdrehen als Kind. Stimmung, Körperhaltung und Stimme haben sich schlagartig verändert. Alles ist anders. Es geht nichts mehr. Die früheren Gefühle – oft sind es Gefühle des Verletztseins – überschwemmen uns und wir kennen uns selbst nicht mehr. Ein anderes, früheres Selbst hat sich in uns gemeldet. Und es braucht eine Weile, bis wir uns wieder gefasst haben, bis wir uns wieder in unserem vertrauten, erwachsenen Selbst finden.

Alle unsere früheren Lebensabschnitte mit ihren Freuden, ihrem Glück, mit ihren Schrecken und Schmerzen sind lebenslang in uns enthalten. Wir sind das Mädchen und der Knabe, die oder der Adoleszente, wir sind unsere damaligen Sicherheiten und Unsicherheiten, unsere Freuden, unser Leiden. Die früheren Selbste leben umso ungestümer und fordernder, je weniger wir uns ihnen bisher zugewendet haben. Wenn sie immer noch nach Anerkennung und um Verständnis flehen. Dann ist eine intensive Selbstarbeit mit oder ohne therapeutische Begleitung angesagt. Sonst werden wir von diesen früheren Selbsten, von den erlittenen Verletzungen weiter verfolgt.

Die „Übermaße an Selbsten“ sind Pessoas Ausdruck. Andere Autoren sprechen von den verschiedenen inneren Stimmen und Zuständen, von den inneren Kindern bzw. von den verschiedenen Ich-Zuständen.[5] Die verletzten Selbste verlangen nach Zuwendung und Verständnis, nach Trost und Liebe. Sie verlangen nach dem, was uns früher, aufgrund der Umstände, vorenthalten oder zugefügt wurde. Die verletzten oder zu kurz gekommenen Selbste sind fordernd, und wir haben herauszufinden, was sie noch brauchen, damit in uns Frieden einkehren kann.

Es gibt auch die ungestümen, freudigen Kinder in uns, die lachen oder jauchzen oder einen Luftsprung machen. Das

Wissen um die eigene Lebendigkeit hat immer auch mit dem Umgang mit unseren früheren Zuständen zu tun. Das „Werdet-wie-die-Kinder“ enthält ein tiefes Wissen um die Möglichkeiten, auch im Erwachsensein die kindliche Präsenz und Lebensfreude zu spüren.

Die Menschen um uns herum – auch sie sind mehrere, sind viele, sind ein Übermaß an Selbsten – tragen ihre eigenen verletzten inneren Kinder mit sich, die ihnen immer wieder einen Strich durch die Rechnung machen. Und vielleicht erkennen wir in einem Lachen oder einem Augenfunkeln bei anderen Menschen auch ihr vitales Kind.

Es ist eine unserer Aufgaben als erwachsene Menschen und Mitmenschen, das Übermaß an verletzten, quälenden Selbsten auf ein erträgliches Maß zu reduzieren, ein Maß, dem wir gewachsen und nicht ausgeliefert sind. Wir haben uns selbst zu zähmen, wie es der kleine Prinz mit dem Fuchs getan hat. Wir erreichen das, indem wir unsere Selbste würdigen, sie trösten, eventuell eine Therapie machen, mit dem inneren Kind arbeiten.

Ein Beispiel. Petra erzählt von einer fröhlichen Runde unter Freunden. Jemand erwähnt einen Namen. Ein anderer fragt nach: „Kennst du diesen Typen?“. „Natürlich kenne ich ihn, er ist ein guter Freund von mir.“ Da erstarrt der Frager. Seine Mimik wird starr, sein Körper steif und er sagt mit grimmiger Stimme: „Den mag ich überhaupt nicht.“ In der Runde wird es still. Erschrecken macht sich breit. Ein Abgrund hat sich aufgetan, der für alle spürbar ist. Die fröhliche Stimmung ist wie weggeblasen. Was ist denn nun passiert?

Alle in dieser Runde haben gemerkt, dass in diesem Mann ein anderes Selbst aufgetaucht ist, und zwar so heftig, dass die Stimmung sich dadurch verändert hat. Ein solcher Vorfall weist auf eine seelische Verletzung hin, die bearbeitet werden will.

Die „Mehreren", die wir sind, wollen in uns selbst integriert werden. Wir bemerken diese „Mehreren" eher bei anderen als bei uns selbst. Wie jemand plötzlich Angst kriegt, erstarrt oder unerwartet aus tiefstem Herzen loslacht, verstört oder verzückt ist – und zwar in einem Ausmaß, das nicht zur Situation zu passen scheint. Dann stehen wir irritiert daneben, ärgern uns vielleicht und denken, was denn jetzt schon wieder los sei mit unserem Freund. Aber was wir in anderen sehen, hat immer auch mit uns selbst zu tun. Wir erkennen in anderen nur das, was sich auch in uns abspielt.

Statt uns in solchen Situationen über andere zu ärgern, können wir uns fragen, was es mit uns zu tun hat. Ah ja, das kennen wir doch. Es ist, was es ist. Wenn wir ihm zulächeln, dem Fremden in uns, dem Fremden im anderen, dann geht es wieder vorbei. Das ist immer wieder eine erstaunliche Beobachtung. Wenn es jedoch nicht vorbeigeht und immer wieder kommt, dann will es näher angeschaut und verstanden werden.

Ein Beispiel. Eliane erzählt: Jedes Mal, wenn ich mich von meinem Freund zurückgestoßen fühle, werde ich zum kleinen Mädchen. Am Anfang unserer Liebe war es ganz schlimm für mich. Es tauchte immer dieselbe Erinnerung auf. Ich stand vor der Schlafzimmertür meiner Eltern, mit meinem Teddybär im Arm und meinem Kopfkissen in der Hand. Die Tür blieb verschlossen. Ich legte mich unglücklich auf die Schwelle und schlief dort untröstlich ein. Irgendwann wachte ich auf, weil mir kalt war. Dann kehrte ich in mein Bett zurück. Ich lernte, dieses kleine, sechsjährige Mädchen zu trösten, ihm Wärme zu geben und seine Verlassenheit aufzufangen. Dann tauchten andere kleine Mädchen in anderen Situationen auf, die sich auch verlassen fühlten. Sie waren jünger und älter als dieses Mädchen. Sie alle lebten in mir und wollten von mir wahrgenommen und geliebt werden. Als ich kürzlich meine Mutter wieder einmal treffen sollte, legte ich zuvor alle meine kleinen Mädchen liebevoll schlafen, denn ich wollte meine Mutter als erwachsene Tochter treffen. Es hat gut funktioniert. Bei meinem Freund bin ich immer noch verletzlich. Aber es gelingt mir immer wieder, gut zu meinen kleinen Mädchen zu sein, ihnen Gutes zu tun, ihnen das zu geben, was mir meine Eltern damals nicht geben konnten.

Die Vorstellung von den verschiedenen Selbsten in uns und in anderen vermag uns zu verstören.[6] Gleichzeitig können wir, wie das Beispiel von Eliane zeigt, sorgsam einen wohlwollenden Umgang mit ihnen erlernen und üben. Wir wissen dann darum, dass die verlassenen und verletzlichen Selbste in uns die kleinen Kinder sind, die wir einmal waren. Sie haben noch etwas von uns zu bekommen. Sie möchten wahrgenommen, angenommen und getröstet werden, möchte jene Liebe von uns erfahren, die sie früher nicht erhalten haben.

Wenn wir uns annehmen und uns uns selbst in Liebe zuwenden können, so werden wir auch einen wohlwollenden Umgang mit jenen vorerst unerklärlichen Teilen in uns erlernen, die wir noch nicht genügend verstanden haben. Dort, wo wir am meisten lieben, sind wir verletzlich, immer wieder, dort öffnen sich unsere Abgründe. Es tut gut zu wissen, dass wir ihnen nicht einfach ein Leben lang ausgeliefert sind. Dass wir das Hadern, das Kämpfen und die Gefühle von Scham und Schuld überwinden können. Es ist möglich, sich sich selbst in Liebe zuzuwenden.

Es gibt noch weitere Konnotationen zum Selbst. Die eine, die ich betonen möchte, betrifft das wahre Selbst, unseren Wesenskern, unser zutiefst inneres Wesen, das wenig mit dem Alltag, mit den täglichen Freuden und Leiden zu tun hat, sondern der Wesenskern ist, der uns mit Leben und Tod und über Leben und Tod hinaus mit dem Kosmos, mit dem Universum verbindet. Die andere Konnotation betrifft das, was als Höheres Selbst bezeichnet werden kann. Glaube man an Gott oder an ein Höheres Selbst oder glaube man nicht daran: Es ist klar, dass wir Menschen in Kräftefeldern leben, die mehr bestimmen können als wir selbst. Wir können dagegen kämpfen, wir können uns in diese Kräfte ergeben, wohl wissend, dass wir nicht das letzte Wort haben werden. Das Höhere Selbst verbindet uns mit diesen Kräften.

Einladung

In Momenten, in denen uns etwas Unerklärliches geschieht, können wir uns fragen, wie alt wir jetzt gerade sind. Eben nicht so alt, wie wir tatsächlich sind, sondern vielleicht viel jünger, fünf, zehn, pubertär, im jungen Erwachsenenalter, in einer ganz bestimmten Lebenssituation, die doch eigentlich schon lange vorbei und doch immer noch präsent ist.

Wir sind alle diese früheren Selbste, ein Übermaß an Selbsten, wie es Pessoa formuliert hat. Wir sind so und wir haben nur eine Möglichkeit: uns anzunehmen, so wie wir sind. Licht ins Dunkel zu bringen.

Wir mögen versuchen, uns wie unseren allerbesten Freund, wie die allerliebste Freundin zu behandeln; so liebevoll, dass es vielleicht einfach genügt, da zu sein.

Verdrängte und unbewusste Inhalte mischen sich immer wieder in unser aktuelles Leben. Wenn wir ihnen ein Alter geben können, merken wir vielleicht, dass unser inneres Kind, vielleicht das Sechsjährige, noch keine Ruhe geben kann, weil es noch etwas braucht. Und wer sonst vermöchte es ihm zu geben als wir selbst, die, die wir heute sind. Verständnis, Anerkennung, Fürsorge und vor allem Liebe, ein liebevolles Umfangen, Trost. Wir können nämlich auch wählen, wer wir sein möchten.

Ich habe die Arbeit mit dem inneren Kind und den inneren Kindern in meinem letzten Buch über Versöhnung ausgeführt. Und es gibt heute gute Zugangsmöglichkeiten zur Arbeit mit dem inneren Kind (Bücher, Arbeitshefte, Kurse, CDs). Wenn wir uns nicht allein an diese Arbeit wagen, suchen wir uns eine kompetente Begleitung bei diesem Prozess.

Wer sich seiner inneren Kinder oder Selbste bewusst ist, kann mit sich selbst die Übung des inneren Teams machen. Das innere Team sind die jüngeren Selbste und ein zukünftiges Selbst; sie alle können von der erwachsenen Person um Rat gefragt oder um Unterstützung gebeten werden. Wir alle haben dieses intuitive Wissen um das, was uns tut gut, in uns. Wir müssen es jedoch abrufen, wir müssen nach dem Schatz in uns graben.

Ich verdanke die folgende Übung Luise Reddemann.[7]

„Ich stelle mir einen großen Raum vor, in dem ich mich wohl fühle. In seiner Mitte befindet sich ein Kreis aus bequemen Stühlen oder Kissen. Ich werde nun meine früheren und ein zukünftiges Selbst in diesen Raum und in diese Runde einladen. Als Erstes lade ich die Person ein, die ich vor zehn Jahren war, ... dann lade ich den Teenager ein, der ich war, ... dann lade ich das Kind ein, das ich mit zwei bis vier Jahren war, ... dann lade ich das Wesen ein, das ich bei der Geburt war, ... dann lade ich die alte Person ein, die ich einmal sein werde."

Vielleicht ist es beim ersten Mal nicht möglich, alle Personen in die Runde zu bitten. Das ist in Ordnung.

„Nun kann ich mit meinem inneren Team eine Frage erörtern, die mich beschäftigt und bei der ich mehr Klarheit erhalten möchte. Ich formuliere mein Anliegen und bitte die Personen des Teams, frei ihre Meinung dazu zu sagen. Es ist wichtig, dass jeder Teil des Teams die Möglichkeit hat, sich zu äußern, auch wenn andere Teile ganz anderer Meinung sind. Jeder Beitrag ist willkommen. Will jemand nichts sagen, ist das auch in Ordnung. Ich komme dann langsam zum Ende dieser Runde und bedanke mich bei allen Mitgliedern meines inneren Teams."

Unsere inneren Selbste, unser wahres Selbst, ein mögliches Höheres Selbst – vertrauen wir auf unsere Intuitionen.

Der unerbittliche Spiegel

Es gibt die erstaunliche Geschichte von einem alten Mann im ländlichen Afrika, der erstmals in seinem Leben eine Fotografie in die Hände bekommt. Ein Reisender hat ihn im Kreise seiner Familie fotografiert. Er benennt die Personen, die er auf dem Bild sieht. Er erkennt jedoch eine Person darauf nicht: sich selbst. Er hat sich noch nie in seinem Leben in einem Spiegel gesehen. Er weiß nicht, wie er aussieht. Diese Fotografie wurde ihm nach der entsprechenden Erklärung zum Spiegel, in dem er sich erkennen lernte.

Wir sehen uns täglich im Spiegel. Es ist immer wieder anders. Zuweilen gefallen wir uns, zuweilen nicht. Der

Augenblick, den wir jeweils vor dem Spiegel erleben, ist einzigartig.

Eine Frau hat mir erzählt, dass sie oft nach der Therapiestunde sich selbst im Spiegel im Aufzug zulächle. Und dass sie das eines Tages auch beim Kommen in die Therapie machen möchte, und nicht erst danach.

Der Spiegel ist unerbittlich, aber vielleicht möchten wir dem, was wir erblicken, ein Lächeln schenken. Wir sind uns selbst Spiegel. Die anderen sind unser Spiegel. Jemand erzählte mir eines Tages, dass ihn alle Menschen in der Stadt heute so seltsam betrachtet hätten. Es sei ihm ganz unwohl geworden dabei. Ob wohl etwas nicht stimme bei ihm?

Wir selbst sind nicht immer so, wie wir uns gern hätten. Und die anderen Menschen sind oft auch nicht so, wie wir sie uns wünschen. Sie sind anders. Sie sind ihr Eigenes. Sie haben ihre spezifische Lebensgeschichte und Gegenwart, ihre Gefühle und ihre Gedanken. Anders als wir.

Die anderen dienen uns als oft unerbittlicher Spiegel für unser eigenes Sein. Wir erkennen uns im anderen – wenn wir dafür offen sind. Und unser geheimes, unbewusstes Verbundensein mit den anderen zeigt sich darin, dass wir nur das bei den anderen sehen, was auch in uns anklingt, was auch in uns selbst ein Äquivalent hat, ein eben Gleiches oder zumindest Verwandtes.

Wir Menschen projizieren unangenehme Gefühle schnell und gern auf andere Menschen, auch auf den „lieben Gott“ als Metapher für etwas, das größer ist als wir Menschen. So das Sprichwort: Hilf dir selbst, so hilft dir Gott. Es braucht immer wieder Mut, in den Spiegel zu schauen, um uns zu erkennen. Was könnte denn das Schlimmste sein, das wir zu sehen bekommen?

Wenn wir Probleme, die wir mit uns selbst haben, auf andere projizieren, bringt das eine scheinbare Entlastung. Wir brauchen uns nicht über uns selbst zu ärgern. Das wäre unangenehm. Der eigene Spiegel ist trüb. Wir wollen uns selbst nicht sehen. Dafür können wir uns umso mehr über die anderen ärgern. Sie haben unsere Erwartungen nicht erfüllt, sie sind uns nicht entgegengekommen, sie vermiesen uns den Tag und enttäuschen uns. Und wenn wir uns noch mit Selbstmitleid erfüllen, dann geht es uns erst recht schlecht.

Es ist nicht so, dass wir uns das immer bewusst machen. Manchmal geschieht es uns einfach. Es geschieht dann unbewusst oder halb bewusst. Vielleicht erkennen wir uns erst im Spiegel der anderen. Beispielweise wenn sie sich von uns ungerecht behandelt fühlen, weil das, was wir ihnen sagen, eigentlich das Unsere, unser eigenes Problem ist. Manchmal braucht es eine psychotherapeutische Begleitung, um zu erkennen, was zu uns und was zu anderen gehört.

Erwartungen an andere zu haben, macht unglücklich. Wir machen uns dadurch von den anderen abhängig. Niemand anders wird uns retten als wir selbst. Das Zurücknehmen einer Erwartung, einer Projektion, ist zwar unter Umständen ernüchternd für uns, aber es macht uns gelassen und unabhängig. Wir putzen dann unseren eigenen Spiegel und nicht den der anderen.

Ein Beispiel. Annina ärgert sich einmal mehr über ihre Kollegin, die sie auch heute wieder mit Fragen bombardiert, die sie alle schon mehrmals beantwortet hat.

Mit ihrem heftigen Ärger macht sich Annina von ihrer Kollegin abhängig. Sie verleiht ihr die Macht, sie zu ärgern und ihr dadurch den Tag zu verderben. Schon wieder, immer wieder, wann lernt diese Kollegin endlich, sich Anninas Antwort und Erklärungen zu merken? Vielleicht schwingt bei Annina neben dem Ärger noch Mitleid mit: Die Kollegin ist an dieser Stelle überfordert. Nur: weshalb muss Annina dafür büßen?

Ärger und Mitleid sind in solchen Situationen schlechte Ratgeber. Vielleicht kann sich Annina dessen bewusst werden. Vielleicht kann sie einfach sich selbst zugeben: ja, ich ärgere mich, ja, ich habe auch ein bisschen Mitleid, aber ich möchte nicht auf diesen Gefühlen sitzen bleiben. Ärger über sich selbst und Selbstmitleid sind Gefühle, die Annina gut kennt und die ihr in allen möglichen Situationen auflauern. Manchmal ist es einfacher, diese Gefühle auf eben diese Kollegin zu projizieren und den eigenen Spiegel klar zu behalten. Aber letztlich merkt Annina in solchen Situationen, wie abhängig sie sich dann von jemand anderem macht. Das behagt ihr nicht. Was hat sie für Möglichkeiten?

Heute, an diesem Morgen, an dem sie gut gelaunt aufgestanden ist, ist sie beim Betreten des Büros wieder voller Ärger über die Unfähigkeit der Kollegin, sich gewisse Regeln und Arbeitsabläufe zu merken. Annina spürt diesen Ärger, doch heute will sie ihm nicht nachgeben. Sie möchte sich selbst zulächeln, den Ärger vorbeigehen lassen, ruhig werden und der Kollegin erklären, wie sie sich fühlt. Sie möchte die Kollegin bitten, sich Notizen zu machen und nicht ständig wieder dieselben Fragen zu stellen. Sie möchte die Kollegin bitten, auf ihre eigenen Möglichkeiten zu vertrauen.

Das alles geht nicht von einem Tag auf den anderen. Möglicherweise muss sie es noch ein paarmal sagen und dabei üben, ruhig und gelassen zu bleiben. Sie wird lernen, Vertrauen zu sich selbst zu entwickeln und zu spüren, dass ihr diese Kollegin den heutigen Tag nicht verderben kann. Auch den morgigen nicht. Der Spiegel bleibt klar. Annina erinnert sich, dass ihr Vater oft abends beim Nachtessen erzählte, dass er sich heute wieder ärgern *musste*. Nein, sie will sich nicht ärgern, sie hat eine Wahl. Sie will sich im Spiegel ihrer Selbstwahrnehmung entspannt angucken können.

Wenn wir uns im Spiegel im eigenen Haus und im Spiegel der anderen gelegentlich zulächeln können, dann ist viel gewonnen. Wir vertrauen uns selbst. Diese Haltung bringt mit der Zeit tiefgreifende innere Veränderungen mit sich. Wir brauchen dazu Geduld und ein liebevolles Annehmen unserer selbst.

Einladung

Wie haben wir uns heute Morgen im Spiegel wahrgenommen? Vielleicht wie jeden Morgen eben, ohne etwas Besonderes dabei zu denken. Oder haben wir uns schnell weggewendet? Oder haben wir uns gar nicht wahrgenommen, wie so oft am Morgen, wenn wir uns im Spiegel erblicken? Haben wir uns zugelächelt? Oder möchten wir es einmal probieren? Morgen früh?

Jeden Morgen gibt es viele neue Möglichkeiten, uns im Spiegel zu begegnen und uns wahrzunehmen. Es lohnt sich, darüber so liebevoll wie möglich nachzudenken, immer wieder, morgens, mittags, abends und nachts.

Morgens beim Aufstehen mag uns auch unser Körper unser Befinden spiegeln. Vielleicht sind wir dessen gar nicht gewahr. Vielleicht aber schmerzt er uns, fühlt sich steif an, nicht richtig gelenkig, spiegelt uns den vergangenen Tag, die Nacht, die Träume und Schlaflosigkeiten, unser Alter, unsere Lebenssituation. Wenn er uns etwas Unangenehmes oder gar Schmerzvolles spiegelt, dann möchte er von uns

Aufmerksamkeit und Zuwendung. Wir können uns prüfen, ob wir dazu bereit sind, ihm das zu schenken. Er wird sich danach anders anfühlen. Unser Körper wird uns das zu danken wissen.

Wir brauchen unter Umständen mehrere Versuche, jeden Morgen wieder. Und wenn sich unser Körper nicht, oder noch nicht, entspannen will, dann bleibt uns eines übrig: uns in unserer Steifigkeit, in unserer Verspannung anzunehmen. Auch das vermag zu wirken.

Welches Verhältnis haben wir zu Fotografien von uns selbst? Wenn wir die letzten zehn Bilder von uns anschauen, können wir uns auf eine Reise zu uns selbst begeben. Der liebevolle Blick kann geübt werden. Es geht schließlich um uns selbst. Wir selbst sind unser Werkzeug in unserem Leben. Es geht nicht ohne uns.

Der Spiegel unserer Selbstwahrnehmung ist ein Spiegel besonderer Art. Dieses Bild unserer selbst erschaffen wir uns täglich neu. Es braucht liebevolle Pflege.

Wir kennen die Situation, in der wir uns über andere, die Welt und uns selbst ärgern.

Wir können versuchen, uns selbst dazu einzuladen, diesen Ärger ruhig anzuschauen und selbst in scheinbar berechtigten Situationen seine Nichtigkeit zu erkennen.

Ja, dieser Ärger gehört zu mir, aber das bedeutet noch lange nicht, dass ich auf ihm sitzen bleiben muss. Ich kann ihn wahrnehmen, ihm zulächeln, warten, bis er wieder weggeht.

Oder aber ich habe mich um die Lösung eines Problems zu bemühen: im Gespräch bzw. in einer Aussprache.

Immer steht das Putzen des eigenen Spiegels im Vordergrund. Vergegenwärtigen wir uns, was das beinhaltet: unsere Situation und unseren Anteil daran zu klären, zur Ruhe kommen, ‚„Frau und Herr im eigenen Haus“ zu werden.

Jedes Loslassen des aktuellen Ärgers im Jetzt ist ein kleiner Erfolg für uns. Jedes Jetzt zählt. Manchmal gibt es einen Rückfall, ja nun. Seien wir großzügig zu uns selbst. Vielleicht lässt sich noch etwas korrigieren.

Sonst versuchen wir es am nächsten Tag, wenn wir wieder frischer sind. Wagen wir den Blick in den Spiegel, der uns hilft, die Wahrnehmung unserer selbst zu klären.

Wir sind nicht mit einem inneren Frieden zur Welt gekommen

Warum eigentlich nicht? Warum haben wir uns unseren eigenen inneren Frieden, unsere innere Freiheit mühselig selbst zu erwerben? Nicht einmalig, leider nicht, nein, immer wieder, manchmal täglich, weil uns unser eigenes Dunkel, unsere Schatten, unser Unbewusstes immer wieder in die Quere kommen.

Nicht nur der und die andere, nein, auch wir selbst sind nicht „lieb“. Wir haben unsere Risse, unsere Abgründe, unsere Untiefen und Wirbel. So sind wir eben, wir Menschen. Doch wir können uns auch mit unseren Unzulänglichkeiten selbst lieben.

Wir dürfen am Eigenen arbeiten. Zuallererst können wir uns in unserer Widersprüchlichkeit annehmen, in unseren Abgründen, mit unseren Schattenseiten. Sie alle gehören zu uns. Sie sind nicht nur lästig, sondern wir können daran wachsen. Anderen Menschen geht es ebenso, aber das ist uns jetzt kein großer Trost. Wir bleiben bei uns selbst.

Wer es noch nicht ausprobiert hat, mag ungläubig zur Kenntnis nehmen, dass Gelassenheit und Großzügigkeit sich selbst gegenüber in solchen Situationen etwas zu bringen vermögen. Es liegt eine tiefe Wahrheit darin, dass wir uns nur dann verändern und entwickeln können, wenn wir uns selbst annehmen.

Im Jetzt, heute, in diesem Augenblick akzeptieren wir uns selbst. Sonst liegen wir mit uns selbst im Streit und brauchen dazu unsere ganze Kraft. Wir können uns nur verändern, wenn wir uns annehmen.

Es ist in der Erziehung in unserer Kultur nicht üblich, dass Eltern, Lehr- und andere Erziehungspersonen ihr Augenmerk auf den inneren Frieden richten: bei sich selbst und beim Kind bzw. dem Schüler. Vielmehr gibt es Anpassungs- und Leistungskriterien, denen alle zu genügen haben. Und wenn sie nicht eingehalten werden (können), folgen prompt Kritik und Sanktionen. „Jetzt hast du mir schon wieder nicht zugehört." „Du hast eine schlechte Leistung erbracht." „Das hast du schon wieder falsch gemacht. Wie oft muss ich es dir noch sagen?" Solche Kritik, zumal wenn sie mit Sanktionen verbunden ist, dringt in einen Menschen ein: ich muss, ich soll, ich darf nicht.

Es ist nicht gut genug, es nie gut genug. Solche Erwartungen und Ermahnungen von Lehrmeistern und Erziehern, die mit der Zeit zu den eigenen und damit verinnerlicht werden, setzen unter Druck, machen Angst, stoßen unerbittlich vorwärts – und immer noch ist es nicht genug. Mit anderen Worten: das Über-Ich in uns, die Autoritäten, das Gewissen, treiben uns zu Leistungen an, und wehe, wir machen Fehler, und wehe, wir versagen.

Ein Beispiel. Bettina erzählt, wie sie nie in ihrem Leben gelernt habe, sich Zeit für sich selbst zu nehmen. Es habe in ihrer geschäftigen Familie keine Mußezeiten gegeben, und sie habe sie sich seither auch nie gegönnt. Wenn dann jeweils ihr innerer Unruhepegel zu hoch angestiegen sei, habe sie sich mit einer Grippe eine Auszeit gegönnt. Dann ließ sie sich krankschreiben und verträumte ein paar Tage im Bett. Kürzlich sei ihr ein Brief ihrer Buchhandlung ins Haus geflattert mit dem Satz, für den Wunsch, sich selbst oder anderen einen friedlichen Augenblick zu gönnen, gebe es ja eigentlich keinen festen Zeitpunkt. Das habe sie sehr beschäftigt. Sie sei sich das erwähnte Buch über den Sinn des Lebens kaufen gegangen, ganz bewusst im Sinne des Einplanens von „friedlichen Zeiten“ in ihr geschäftiges Leben. Sie habe gemerkt, dass sie nicht jedes Mal krank werden möchte, wenn sie Zeit für sich selbst brauche. Nun habe sie sich mit diesem Buch Inseln des Friedens im Alltag geschaffen, jeden Tag eine halbe Stunde, entweder am Morgen oder am Abend. Es tue ihr gut.

Wir sind nicht mit einem inneren Frieden zur Welt gekommen und erfahren in unserer lebenslangen Sozialisation kaum Anstoß und Ermutigung, uns darin zu üben. Das würde auch voraussetzen, dass der innere Frieden in unserer Kultur einen Wert darstellt. Von östlichen Meditationslehren her sind wir im Westen mit dem Wert des inneren Friedens vertraut geworden. Zunehmend mehr Menschen sitzen regelmäßig auf dem Kissen oder auf einem Stuhl, um mitten im äußeren und inneren Lärm ruhig zu werden, um Frieden zu erleben, um im Jetzt anzukommen.

Vom Mystiker Johannes Tauler stammt der Ausspruch, dass wir den Frieden im Unfrieden suchen müssen; die Freude in der Trauer, die Gelassenheit in der Unbeständigkeit und den Trost in der Bitterkeit. Das hat etwas zutiefst Tröstliches. Wie recht Tauler mit seinen Worten hat, denn Unfriede, Trauer, Unbeständigkeit und Bitterkeit gehören unabdingbar zu unserem Leben. Wenn wir diese Unwägbarkeiten, „den Teufel", aus der Tür hinausdrängen, kommen sie zum Fenster wieder herein. Der innere Frieden in uns kann entstehen, wenn wir mit dem Unfrieden in uns einen versöhnlichen Umgang finden. Den inneren Frieden im Unfrieden zu suchen bedeutet, dass wir den Unfrieden annehmen. Durch das Annehmen kann er sich wandeln, langsam und stetig, immer wieder.

Jeder friedliche Moment zählt und will dankbar wahrgenommen werden. So können sich die friedlichen Momente aneinanderreihen wie Perlen in einer Perlenkette. Eines Tages können wir uns die Perlenkette des Wohlwollens um den Hals legen und spüren, dass wir beides annehmen: den Unfrieden und den Frieden.[8]

Einladung

Eine Einladung zum Stillwerden braucht wenig Requisiten: einen Stuhl oder ein Meditationskissen, einen ruhigen Raum, eine mit sich selbst ausgemachte Zeitspanne, die von fünf Minuten bis zu einer Stunden reichen kann.

Es lohnt sich, mit kleinen, aber regelmäßigen Sequenzen zu beginnen und einfach still zu sitzen und auf den eigenen Atem zu achten: wie er durch die Nasenflügel ein- und wieder ausgeht, wie die Nasenflügel vielleicht leicht vibrieren, wie auch der Schulter-, Brust-, Rücken- und Bauchbereich sich entspannt und sich öffnet durch unser Atmen, wie das Zwerchfell vibriert, die inneren Organe sich beruhigen. Durch den Atem weiten wir uns und nehmen uns Raum, Raum für uns selbst, Frieden für uns selbst.

Wir sitzen und werden im Atmen still und weit. Ein und aus, ein und aus. Nichts sonst. Jetzt, nur dieser Moment des Stillwerdens. Für fünf Minuten täglich, für zehn Minuten. Immer wieder das Jetzt erleben, diesen kostbaren Moment der Stille und Leere, des bewussten Nichtstuns.

Die Wirkung solchen Sitzens erschließt sich erst in der ausdauernden jahrelangen Regelmäßigkeit. Jedes tägliche Üben, allein oder mit anderen, jedes Sitzen im Jetzt ist ein Baustein zum inneren Frieden. Manchmal ist der Geist „voller Affen", wie die Chinesen sagen, auch nach jahrelangem Sitzen. Und manchmal wird es tatsächlich still in uns. Wir spüren den inneren Frieden. Wir sind ganz im Jetzt. Das Jetzt ist unser Atem, ein regelmäßiges Ein und Aus. Wir müssen nichts dafür tun, es atmet uns. Wir kommen bei uns selbst, in unserem Inneren, an.

Wir machen uns ein Stück weit unabhängig von den äußeren Gegebenheiten.

Meine Erfahrung zeigt mir, dass ein solches stilles Sitzen von täglich fünf bis zehn Minuten bereits seine Wirkung zeigt: im Jetzt ankommen, im eigenen Ein und Aus des Atems ruhen, zunehmend einen inneren Frieden spüren. Und wenn es an einem Tag nicht so gut läuft, heißen wir unsere Unruhe, unsere Verzagtheit und Ungeduld willkommen. Wir nehmen uns an, so wie wir sind. Jetzt ist es so. Alles ist willkommen. Vielleicht werden wir dadurch langsam ruhiger.

Innere Ruhe und innerer Friede entstehen durch bewusstes Annehmen. Wir haben uns niemandem zu beweisen, wir müssen nichts leisten. Wir sind einfach im Jetzt.

Regelmäßiges Sitzen oder Üben oder Meditieren – wie wir es auch nennen wollen – bedeutet auch, dass wir uns bewusst Zeit und Raum für uns selbst und für das Wachstum unseres inneren Friedens nehmen. Dieser Entschluss und seine Durchführung fordern uns Aufmerksamkeit für uns und Achtsamkeit für unser Tun ab. Und alles dieses Sich-ausrichten auf Ruhe, Frieden, Achtsamkeit lässt uns gleichermaßen uns selbst wie auch unsere Transzendenz spüren.

Wir gehören etwas Größerem an, das wir vielleicht gar nicht benennen wollen. Im stillen Sitzen sind wir verbunden mit dem Kosmos. Und wenn wir das alles in Liebe zu tun vermögen, dann wird uns das spürbar gut tun, nicht am ersten und zweiten Tag, sondern im kontinuierlichen, täglichen Üben.

Unsere Wünsche anlächeln, jeden Tag einmal

„Wünsche sind die Vorahnungen unserer Möglichkeiten“, hat der Philosoph Ernst Bloch geschrieben. Ich habe diesen Satz jahrzehntelang mit mir herumgetragen und mir viele Wünsche immer wieder vorgenommen, um daran zu wachsen. Ich fand das Wünschen zentral, um im Leben weiterzukommen.

Mit den Jahren habe ich ein anderes Verhältnis zum Wünschen entwickelt. Es kann ja nicht so sein, dass wir erst dann glücklich sind, wenn alle unsere Wünsche in Erfüllung gehen. Das Leben ist nicht so. Innerer Friede hat wesentlich auch mit dem Loslassen von Wünschen zu tun.

Als ich kürzlich meinen erwachsenen Sohn fragte, was er sich zu seinem Geburtstag wünsche, entgegnete er mir, er sei wunschlos glücklich, er brauche nichts, es sei gut so. – Ich war platt. Und dann fing es wild in mir an zu arbeiten: Junge Menschen haben doch viele Wünsche, die sie sich finanziell nicht erfüllen können ... ich möchte ihm doch gern eine Freude bereiten ... aber er hat doch kürzlich von einer Digitalkamera gesprochen, die er gern hätte ... nun muss ich einfach auf meinen Wunsch, ihm etwas zu schenken, verzichten ... und wie geht das jetzt weiter? ... ich schenke doch so gern.

Natürlich habe ich sein Anliegen akzeptiert. Ich freue mich über sein wunschloses Glück. Und nein, nicht nächstes Jahr; jetzt ist jetzt, und das will gewürdigt und anerkannt werden.

Und was mache ich nun mit meinen eigenen Wünschen zu schenken, ihm eine Freude zu machen? Ich kann dem wunschlos Glücklichen eine schöne Karte schreiben, das ist auch ein Geschenk. Und ich kann zuwarten, bis sich bei ihm ein Wunsch regt – oder auch nicht.

Fragen um Fragen und das Anliegen, damit klar zu kommen. Jetzt, ohne Aufschub. Und sagen können: Es ist gut, so wie es ist. Wir haben nur eines: diesen einzigartigen Augenblick. Jetzt.

Was machen wir, wenn wir unseren Wünschen ein Lächeln schenken? Wir nehmen Verbindung mit ihnen auf, nehmen sie wahr und merken vielleicht, dass wir sie gar nicht brauchen. Oder wir merken, dass wir sie vorläufig noch behalten möchten. Es ist gut, wie es ist. Wir sind versöhnlich gestimmt. Wir möchten unserer Liebenswürdigkeit Ausdruck geben. Vielleicht spielen auch Dankbarkeit mit, Erleichterung und Einverständnis. Ein Lächeln macht uns weich und leicht. Wir sind, jetzt.

Eine Freundin und Kollegin, die seit Jahrzehnten Zen-Meditation praktiziert, hat mir einmal auf den Weg mitgegeben, dass wir nur die Dinge tun, lassen, planen, kaufen, essen und trinken sollen, die uns anlächeln. Ich bin seither fasziniert von diesem Gedanken und versuche mich seit Jahren darin, auf das Angelächeltwerden zu achten. Habe ich wirklich Lust, diesen Teller zu bestellen, diesen Besuch zu machen, dorthin zu gehen, an meinem Text weiterzuschreiben? Lächeln mich diese Möglichkeiten an? Oder tue ich es aus Gewohnheit, aus Phantasielosigkeit oder um eine innere Leere nicht zu spüren?

Das Lächeln der Dinge wahrzunehmen ist mehr und anders, als eine Lust zu verspüren. Es liegt etwas Liebevolles, Achtsames und Zartes drin. Es stimmt uns versöhnlich und dankbar.

Es ist also beides: Wir lächeln unsere Wünsche an und wir lassen uns von Angeboten und Menschen anlächeln. Jeden Tag einmal, das gibt dem Jetzt, dem Regelmäßigen und dem Dranbleiben seinen Sinn.

Ich bin am Schreiben; will ich? Muss ich? Es ist etwas anderes, wenn es mich heute, jetzt, anlächelt, weiterzuschreiben. Ich habe meinem Impuls, dass ich weiterschreiben „sollte", „müsste", „könnte", ein Innehalten gewährt. Will ich das wirklich? Kann ich es? Gibt es nicht schon so viele Bücher? Ich lächle meinen Wunsch an, weich, liebenswert, anerkennend, leicht. Ich versuche es immer wieder neu, weil es mir Freude macht. Ich habe erkannt, dass ich nur dann kreativ und echt bin, wenn mich etwas anlächelt, wenn ich mich frei fühle, ja oder nein zu sagen. Und eben: das Lächeln gibt der Entscheidung einen ganz besonderen Charme.

Forscher haben untersucht, wie viele Muskeln angestrengt werden müssen, damit ein Mensch wütend oder verärgert dreinschaut. Es ist Schwerarbeit. Ein Lächeln ist ein Hauch, ein Geschenk, eine Gnade. Ein Lächeln verzaubert – schenken wir es uns selbst, einem anderen, unseren Wünschen oder denen der anderen. Ein Lächeln befreit.

Einladung

Betrachten wir in einem ruhigen Augenblick unsere Wünsche. Listen wir sie auf: große Wünsche, mittlere Wünsche, kleine Wünsche und gar Wünschchen. Nehmen wir uns ein paar Tage Zeit, um an dieser unserer Wunschliste zu arbeiten, bis wir uns klar sind, dass sie dem großen Appell des Jetzt – hier und bei uns zu sein – genügt.

Sind es alte, frühe, Seit-je-Wünsche oder neue Wünsche, die erst aufgetaucht sind? Welche Wünsche gehören zum Jetzt, zum Hier? Und wie wichtig sind uns die größeren und kleineren Wünsche? Werden wir unglücklich oder depressiv, wenn sie nicht in Erfüllung gehen? Klammern wir uns daran oder können wir ihnen zulächeln? Haben die Wünsche mit uns selbst zu tun oder vergleichen wir uns mit anderen, die etwas haben, was wir nicht haben? Hängt unser Glück davon ab?

Wir finden selbst heraus, welche Wünsche von uns angelächelt werden möchten. Vielleicht ist das gar nicht so leicht. Es bedeutet möglicherweise ein Loslassen von Wünschen. Ah, da kommt wieder so ein neuer Wunsch daher, den schau ich mir an, lächle ihn an und vielleicht löst er sich auf, verschwindet. Es bedeutet Gelassenheit und Versöhnlichkeit, wenn wir uns dazu Zeit nehmen. Vielleicht bedarf es mehrerer Anläufe. Es ist der Umgang mit uns selbst, den wir uns selbst gönnen möchten: leicht, behutsam und liebevoll.

Verliebte Menschen gehen mit einem selbstvergessenen und seligen Lächeln durch die Tage. Alles scheint ganz einfach. Vieles, was einem sonst die Tage vergällt, spielt keine Rolle mehr. Aber niemand läuft ein Leben lang mit dem verliebten Lächeln herum, es sei denn, es ist ein Lächeln, dass wir uns selbst und damit dem anderen schenken. Doch auch das geschieht nicht von selbst.

Liebevolle Hingabe – bei uns selbst können wir sie immer wieder üben und uns mehr und mehr vor den unvermeidlichen Enttäuschungen schützen. Immer wieder.

Wer soll es denn sonst für uns tun, wenn nicht wir selbst? Wer außer uns selbst soll Liebe und Anerkennung für uns verströmen?

Uns in jeden neuen Tag einpassen

Wir sind immer noch daran, im Jetzt anzukommen. Das Jetzt: Ein- und Ausatmen. Jetzt: ein neuerliches Ein- und Ausatmen. Die Nasenflügel vibrieren. Alles ist im Fluss, kommt und geht, wir können das Jetzt nicht anhalten. Es ist ein fließendes und atmendes Jetzt. Das Herz pocht. Die Wolken ziehen. Die Flüsse ziehen. Der Kalender läuft. Und doch gibt es ein Jetzt. Leben. Lebendigkeit. Das Jetzt ist im Fluss. Im Fluss gibt es keinen Fixpunkt. Es gibt nur die Bewegung. Wenn wir mit einer Kamera fließendes Wasser fotografieren, halten wir das Jetzt in einer Momentaufnahme fest, lassen es erstarren, und die Kamera versieht es mit genauem Datum und genauer Uhrzeit. Angehaltenes Jetzt. Jederzeit abrufbar. Aber eigentlich ist es vorbei, in Wirklichkeit ist das Wasser, das wir festgehalten haben, im Fluss.

Uns einzupassen in jeden neuen Tag bedeutet, im Fluss des Lebens zu sein. Es ist ein Probieren und Versuchen, ein Hin und Her, bis es stimmt. Bis wir den Fluss spüren und wissen, dass jedes Anhalten und Festhalten nicht der Wirklichkeit entspricht. Es soll fließen in uns.

Im Laufe des Lebens entwickeln wir gewisse Gewohnheiten. Die einen lieben wir und möchten sie bewusst beibehalten. Die anderen werden uns zum Käfig, zur Routine, sie engen unsere Spiel- und Experimentierfreude ein.

Nehmen wir alltägliche Beispiele. Birgit erzählt: „Ich fahre gern Zug. Ich liebe italienische Pasta und Rotwein. Ich trage vor allem Schwarz, weil mir das gut steht. Ich gehe gern ins Kino. Der Sommer ist meine liebste Jahreszeit. Ich schwimme gern. Ich liebe kleine Kinder mit ihrer unbändigen Lebenslust. Ich liebe Jugendliche mit ihrer Energie. Meine Lieblingsfarbe ist Orange."

Sind diese Aussagen von Birgit in Granit gemeißelt? Und wenn ja, wozu? Wem zuliebe? Geben sie Sicherheit? Verleihen sie Identität? Gibt sich diese Person jeden Tag eine neue Chance? Probiert sie ab und zu etwas Neues aus? Passt sie sich neu in auftauchende Liebhabereien ein, in neue Ansichten, die alles Bisherige in ein neues Licht tauchen können? Leben bedeutet Wandel. Nichts ist ewig gleich. Wir erneuern uns täglich, nicht nur in unseren körperlichen Zellen, sondern auch in Seele und Geist.

Ein Beispiel. Peter kocht, isst und trinkt sehr gern. In diesen Tätigkeiten erholt er sich von der Arbeit, von den Widrigkeiten des Alltags. Seine Schlemmereien finden abends statt. Undenkbar, auf diese Genüsse zu verzichten. Doch mehr und mehr wird ihm klar, dass er danach oft schlecht schläft, schwere Träume hat, und dass er überhaupt schwerer geworden ist. Hat er den Mut und das Selbstvertrauen, die heilige Kuh zu schlachten, seine Ess- und Trinkgewohnheiten zu ändern und sich neu einzupassen in sein verändertes Erleben?

Bisher hat es ihm viel bedeutet, dass er sich sich selbst genussvoll zuwendet, dass er sich belohnt und sich etwas

Gutes tut. Nun scheint das Letztere nicht mehr zu stimmen. Das Aufwand-Ertrag-Verhältnis stimmt nicht mehr. Peter muss sich neu in diese Situation einpassen, wenn er sich weiterhin Gutes tun will. Schwere Träume und ein schwerer Körper beinträchtigen sein gutes Lebensgefühl.

Auch Menschen, die sich Gutes tun, fühlen sich zuweilen unbehaglich mit sich selbst. Dann ist der Moment gekommen, seine Gewohnheiten und auch das Gute, das man sich tut, zu überprüfen. Wir sind in ständiger Veränderung begriffen. Es mag sein, dass sich auch das Gute, das wir uns tun, verändert werden will.

Sich einpassen bedeutet, offen zu sein. Per-sona, der Mensch, wird von neuen Tönen erfüllt. Jeden Tag kann es ein bisschen anders klingen. Persona wandelt sich und bleibt doch im Wesenskern dieselbe.

Es gibt Situationen im Leben, wo wir im tiefsten Kern unserer selbst, im Wesenskern, erschüttert werden: bei schwerwiegenden Verlusten, bei Krankheit und Tod uns naher Menschen oder wenn wir selbst krank werden. Wenn wir etwas nicht erreichen, auf das wir sicher gesetzt haben. Bei Enttäuschungen, die uns das ganze Leben als Täuschung erscheinen lassen.

Bei solchen tiefen Rissen und Furchen in unserem Leben und in unserem Wesenskern vermag es schwierig zu sein, im Fluss des Lebens zu bleiben. Wir brauchen Hilfe, wir möchten von uns erzählen und möchten angehört werden. Unter Umständen sind fachliche Begleitung und Hilfe zur Selbsthilfe angesagt. Niemand und nichts – außer unserem Stolz – zwingt uns, Schicksalsschläge allein bewältigen zu müssen. Es steht viel auf dem Spiel. Schicksalsschläge sind eine Wachstums- und Reifungschance, die uns das Leben vermittelt. Und wir bleiben im Fluss, wenn wir das anerkennen.

Es mag gar nicht einfach sein, sich zu vergegenwärtigen, vergegenwärt-igen, was unseren Wesenskern ausmacht. Und wie dieser Kern unserer selbst beschaffen ist. Und was sich darum herum bewegen und verändern darf und soll, ohne dass der Kern gefährdet wird, aber auch so, dass wir wachsen können.

Auch wenn wir bis in unseren Wesenskern erschüttert sind, geht es um ein neues Sicheinpassen in das, was uns zugestoßen ist und zustößt. Es geht um ein Integrieren des Geschehenen, uns Zugestoßenen, in unser Leben. Wir haben etwas Schlimmes erlebt. Wir sind nicht mehr dieselbe Person wie zuvor. Das Jetzt – es ist alles anders geworden – erfordert unser Mittun. Das Schlimme gehört fortan zu uns, ist Teil von uns und unserem Leben geworden. Und damit haben wir uns auch neu ins Leben einzufügen.

Haben wir etwas Tiefgreifendes erlebt, das uns verändert hat? Können wir es beschreiben? Sind wir uns im Klaren darüber, was sich bei uns verändert hat?

Im täglichen Ablauf leben wir unsere Liebhabereien, unsere Gewohnheiten, unsere Notwendigkeiten und Überzeugungen. Vielleicht mögen wir in einem Jetzt-Moment einmal innehalten und uns überlegen, wie wohl es uns ist in unserem Leben, wer wir durch unser persönliches und berufliches Leben sind und was wir in diesem Leben noch wollen.

Ehrliche Bilanzen kann man jeden Abend ziehen oder dann, wenn Unbehagen dazu einlädt. Bilanzen – keine Verurteilungen, keine Selbstbeschuldigungen, sondern ein möglichst wertfreies, liebevolles Betrachten und Notieren dessen, was stimmt, und dessen, was für uns nicht mehr stimmt.

Jeder Tag ist neu. Jedes Jetzt gibt uns eine Möglichkeit, einmal etwas anderes zu wagen. Auszusteigen aus etwas, das uns zu eng geworden ist. Verändern, was heute nicht mehr zu uns passt. Vertrautes, aber eng Gewordene; Gewohntes, aber langweilig Gewordenes über Bord werfen und loslassen? Vertrauen wir uns selbst genug, dass etwas Neues möglich ist? Etwas, bei dem wir uns lebendiger fühlen als zuvor? Im Wandel und im Fluss sein – so wie es unser Körper, wie es die Natur auch ist.

Kennen wir Belohnungen in unserem eigenen Leben? Leisten wir uns hin und wieder etwas Gutes? Oder sind immer wieder Anpassungen und Neuausrichtungen notwendig, wenn wir uns weiterhin lieben wollen?

Erzähle mir deine Geschichte – ich erzähle dir meine

Tell me your story – erzähle mir deine Geschichte! Wie oft habe ich diese Einladung in Afrika gehört. Anfangs war ich erstaunt über dieses Angebot. Es war ungewohnt, zumal von Menschen, die ich kaum kannte. Ich wusste gar nicht, wo ich jetzt mit dem Erzählen beginnen sollte. War dieser Mensch wirklich an meiner Geschichte interessiert? Hatten wir überhaupt die Zeit – die Zeit zu erzählen und die Zeit zuzuhören? Und ich habe immer wieder festgestellt, dass es eine ernst zu nehmende Frage ist, die von einem tiefen Interesse und von Liebe und Mitgefühl für den anderen Menschen erfüllt ist.

Mit der Zeit begriff ich, dass dieses Angebot aus einer Kultur stammt, die sich zutiefst dem Erzählen verschrieben hat. Es ist noch nicht lange her und findet noch heute in

Afrika auf dem Lande statt, dass die Menschen sich abends ans Feuer setzen und sich Geschichten erzählen, Geschichten über sich selbst, über andere, Geschichten, um Gefahren zu bannen, Geschichten, um die Ängste vor allem Unbekannten zu bannen, und Geschichten, um sich der Gemeinschaft zu versichern. Jetzt-Geschichten. Gegenwart-Geschichten.

In Afrika gibt es den Beruf des Griot, des Geschichtenerzählers. Diese Geschichtenerzähler ziehen von Dorf zu Dorf und erzählen wahre und erfundene Geschichten. Mit ihren Erfindungen versuchen sie sich der Wirklichkeit anzunähern. Und wenn sie ihre Geschichte erzählt haben, dann wünschen sie den Zuhörern, dass die Geschichte sie segne mit dem, was ihnen am Herzen liegt. Es geht letztlich immer um die eigene Herzensgeschichte.

Und einer dieser Griots hat den Satz geprägt, dass jedes Mal, wenn ein Mensch sterbe, eine Bibliothek verbrenne. Außer, die Weiterlebenden erzählen die Geschichten des Toten weiter. Doch es können nie alle sein, die sie erzählen. Es geht immer etwas verloren.

Unser modernes Leben ist voller Geschichten. Das Feuer auf dem Dorfplatz ist durch die Massenmedien ersetzt worden. Es ist die Frage, ob heutige Menschen noch erzählen – oder ob heutzutage vielmehr live übertragen wird, was etwas ganz anderes ist. Oder ob heute vor allem propagiert und behauptet wird – auch das ist nicht Erzählen. Erzählen kommt aus der Stille heraus.

In Talkshows erzählen fremde Menschen ihre ganz und gar persönliche Geschichte, deren Intimität uns zuweilen zu viel zumutet. Es kann uns zuwider sein, diese Geschichten anzuhören. Oder wir schlürfen sie gebannt, um uns nicht mit unserer eigenen Geschichte befassen zu müssen. Oder um Hilfe und Anregung und Trost daraus zu ziehen. Oder um die Qual der Scham, dass uns die anderen in unserem Elend sehen, nicht am eigenen Leib erleben zu müssen. Oder um uns nahen Menschen nicht zuhören zu müssen. Die fremd vermittelte Intimität ist ein Ersatz und eine Ablenkung vom Eigenen.

Aber es mag in uns der Wunsch entstehen, einem Menschen unsere Geschichte zu erzählen. Und einem Menschen zuzuhören, was er uns für eine Geschichte zu erzählen hat. Von Angesicht zu Angesicht, unmittelbare Gegenwart. Auch wir selbst sind voll von Geschichten. Vielleicht ist uns das gar nicht so klar. Wir merken es erst, wenn wir anfangen zu erzählen. Die eigene Geschichte zu erzählen ist ein Akt der Würdigung seiner selbst, bedeutet Anerkennung und auch Liebe zu uns selbst. Wir sind es uns wert.

Wenn wir uns an unsere Kindheit zurückerinnern können, kommen uns möglicherweise Geschichten in den Sinn. Märchen und Sagen, die uns die Mutter, der Vater, die Großeltern erzählt haben. Geschichten, mit denen wir aufgewachsen sind, die uns verzaubert und geängstigt haben. Gute-Nacht-Geschichten, die uns das Einschlafen erleichtern sollten. Mut-Geschichten, die uns Kraft gegeben haben. Liebes-Geschichten, die uns verzaubert und die Wünsche in uns geweckt haben. Überlebens-Geschichten, die geholfen haben, die nächste Herausforderung zu packen, „wie der Riese im Märchen“ oder „wie der schlaue Jüngling oder die kluge Jungfrau“. Und wenn wir früher nicht genug Geschichten gehört haben, dann tun wir es heute, denn es ist nie zu spät.

Vielleicht haben wir eigene Kinder und haben mit ihnen unsere mütterlichen oder väterlichen Erfahrungen als Märchen-

und Geschichtenerzähler und -erzählerinnen gemacht. Und wovon wir früher nicht genug erhielten, von Geschichten und Märchen, können wir uns heute eine Menge selbst schenken, indem wir sie unseren Kindern erzählen.

Ein Beispiel. Maja erzählt: Vor einem Jahr kam ich an meinem Arbeitsplatz in ein neues Team. Die Mitarbeiterin, mit der ich am meisten zu tun haben würde, hat mich sehr zurückhaltend, ja skeptisch begrüßt. Das hat mich irritiert. Gleichzeitig dachte ich mir, dass das wenig mit mir selbst zu tun haben könnte. Wir freundeten uns langsam an, weil wir dank unserer Arbeitspläne oft zusammen in der Mittagspause waren. Ich versuchte mich bewusst offen zu halten für sie. Sie war mir sympathisch.

Eines Mittags erinnerte ich sie an ihre damalige Begrüßung. Sie wusste sofort, wovon ich sprach. Und dann erzählte sie mir ihre Geschichte. Sie erzählte von ihren Selbstzweifeln und davon, wie sie vor mir Angst gehabt hatte, als ich mich vorstellte. Angst, dass sie wieder diejenige sei, die weniger könne. Das habe sie oft genug erlebt, das sei ein Teufelskreis.

Von da an erzählten wir uns an den Mittagen Geschichten aus unserem Leben. Wechselseitig. Und es gelang uns, diese Geschichten, ohne sie zu werten, zu erzählen und anzuhören. Ein richtiges Geschenk.

Die Einladung an jemanden, uns ihre oder seine Geschichte zu erzählen, muss nicht ausgesprochen werden. Es kommt auf die innere Haltung und Ausrichtung, auf das Interesse und die liebevolle Offenheit an.

Jeder Mensch lebt mit kleineren und größeren Geheimnissen. Das darf sein. Wenn mir in Therapien Geheimnisse anvertraut werden, sind es sehr oft belastende Geheimnisse, die noch nie ans Tageslicht durften, weil sie so sehr mit Schande und Scham belastet waren.

Gerade in solchen Situationen ist die Einladung „erzähle mir deine Geschichte, und es ist alles okay, was du erzählst“ eine Einladung, frei zu werden. Frei zu werden von Scham und Schuld, von der Angst, ertappt zu werden, vom Gefängnis der „psychischen Stacheldrahtrollen“.[9]

„Erzähle mir deine Geschichte“ ist eine innere Einstellung anderen ausgewählten Menschen gegenüber. „Ich möchte dir meine Geschichte erzählen“ ebenfalls. Sie signalisiert den Wunsch nach Begegnung. Nach Geben und Nehmen. Was hat das alles mit Liebe zu sich selbst zu tun?

Wir sind uns selbst lieb, wenn wir uns für uns und unsere Geschichte Zeit und Raum nehmen. Wir sind uns selbst lieb, wenn wir wagen, uns anderen zu zeigen. Wir sind uns selbst lieb, wenn wir für einen anderen Menschen Zeit haben und unser Ohr und Herz für eine Begegnung öffnen. Je mehr wir uns einem Menschen in Liebe und Mitgefühl und ohne Erwartungen annähern und einen Menschen in dieser Weise an uns heranlassen, desto menschlicher wird die Beziehung. Im tiefsten Fühlen sind wir Menschen uns sehr, sehr ähnlich.

Erlebnisse, die wir haben, und Träume, die wir träumen: Alles, was uns nahegeht, erhält noch eine zusätzliche Dimension, wenn wir es einem Menschen erzählen, das Erlebte mit ihm teilen. Oft vertieft sich dadurch unser Verständnis und macht den liebevollen Weg zu uns selbst frei.

Einladung

Vielleicht mögen wir uns selbst oder einem lieben Menschen „unsere Geschichte“ erzählen. Und wenn wir damit beginnen, ist es offen, wie sie weitergeht. Und wir vertrauen auf den Fortgang der Geschichte.

Wen möchten wir um seine Geschichte bitten? Als Geschenk als uns, wenn er oder sie mag.

Was spielen Geschichten für eine Rolle in unserem Leben? Früher. Heute.

Was bedeutet uns das Erzählen?
Früher. Heute.

Welche Erfahrungen haben wir mit dem Erzählen aus unserem Leben gemacht?

Was bedeutet uns das Zuhören?

Wenn wir erzählen, hören andere zu. Mögen wir das?

Wie gehen wir mit dem Verschweigen von Geschichten – mit Geheimnissen – um?
Bei uns? Bei anderen?

II

Uns Menschen fällt es schwer, uns selbst zu lieben

„Lasst alle Hoffnung fahren" – steht nicht nur am Eingang zur „Hölle", sondern auch zum „Himmel"!

Hoffnungen und Wünsche vermögen immer wieder unseren inneren Frieden zu stören. In Form von Erwartungen lassen sie uns auf Erfüllung warten. Als Dante formulierte, dass wir Menschen alle Hoffnung aufgegeben müssen, wenn wir in die Hölle eintreten, da war das für ihn das Ende. Das Ende aller Wünsche und Hoffnungen: Hölle, Qual, Strafe, Ende.

Und wenn jetzt auch am Eingang zum „Himmel" – zur Erfüllung, zum Glück, zum inneren Frieden, zur inneren Freiheit, zur Versöhnung mit sich selbst und anderen – geschrieben steht, dass wir alle Hoffnung fahren lassen müssen? Es bedeutet, dass uns erst eine gewisse innere Unabhängigkeit von Wünschen und Hoffnungen zufrieden werden lässt. Wenn wir wünschen und hoffen, dann erwarten wir etwas. Wenn es nicht eintrifft, sind wir enttäuscht. Das ist die „Hölle". Der „Himmel" hingegen bedeutet, dass wir ganz und gar offen sind für das, was auf uns zukommt und was wir erleben. Wir sind offen für den richtigen Moment, genannt Kairos. Für das, was wirklich nötig ist – jenseits unserer Wünsche und Hoffnungen. Dafür, dass wir zu uns selbst lieb sind. Nichts hat Bestand. Alles wandelt sich unaufhörlich. Vielleicht versuchen wir mit unseren Erwartungen den Wandel zu stoppen.

Natürlich haben wir Pläne in unserem Leben. Wir wünschen uns vieles und wir hoffen, dass einiges davon in Erfüllung gehen möge. Aber es gibt keine Garantien. Wir wollen flexibel und offen bleiben. Unsere Hoffnungen mögen sich erfüllen oder nicht. Vielleicht ist das gar nicht so wichtig. Möglicherweise ist es viel wichtiger, dass wir liebevoll dem Jetzt zugewandt sind, tief in uns spüren, was das Leben von uns erwartet, und uns und anderen zulächeln im Sinne von: ich bin da.

Es bedeutet, dass wir Himmel oder Hölle in einer gewissen, beschränkten Weise wählen können. Beide haben ihren Preis. Es gibt wunschloses Glück, in Jetzt-Momenten. Das lässt sich immer wieder üben: beim Innehalten, im Sitzen, in der Vergegenwärtigung, dass wir jetzt gerade alles haben, was wir brauchen. Wir spüren die Gegenwart. Es ist dann nie so schön wie jetzt. Gönnen wir uns jeden Tag einen solchen Moment, in dem Vergangenheit und Zukunft ruhen dürfen.

Ein Beispiel. Seit Sven von seiner Freundin verlassen worden ist, lebt er nach eigenen Aussagen in der Hölle. Sein Leben hat keinen Sinn mehr. Er überlegt sich zu Hause und am Arbeitsplatz, wie er sich umbringen könnte. Er hat einen heftigen Wunsch, nämlich aus diesem Leben zu verschwinden und seinem Leiden ein Ende zu bereiten. Er orientiert sich nur noch an so genannten Fachpersonen, wie er das nennt: Er geht regelmäßig zum Hausarzt, zur Physiotherapie und in die Psychotherapie. Er denkt, dass ihn die Fachpersonen nicht enttäuschen werden. Bei ihnen darf er einfach sein, mit seinen Todeswünschen, aber auch mit den subtilen Lebenswünschen, denn er erscheint regelmäßig zu den Terminen. Es gibt also einen dünnen Lebensfaden in ihm, den es zu stärken gilt. Er darf einfach sein, sich anvertrauen, auf die nächste Sitzung warten. Er kann zulassen, dass die Fachpersonen an ihn glauben, selbst wenn er immer wieder seiner Todessehnsucht nachgeben will. Die Fachpersonen wissen noch nicht, ob es ihnen gelingen wird, Sven zum Weiterleben zu ermutigen. Indem sie ihm Vertrauen und Zuwendung schenken, versuchen sie immer wieder seinen Lebensmut zu stärken, von Sitzung zu Sitzung, von Tag zu Tag.

Viele Menschen haben es verlernt, für sich selbst eine Lebensperspektive zu entwickeln. Es gibt ein wunschloses Unglück, in dem ein Mensch dumpf und resigniert verharren kann. Er ist schon so häufig enttäuscht worden, dass er es vorzieht, sich nichts mehr zu wünschen und auch gar nichts mehr vom Leben zu erwarten. Oder dieser Mensch schämt sich, einen Wunsch auszusprechen.[10]

In der Psychoanalyse geht es unter anderem darum, Menschen dabei zu helfen, ihre wirklichen Wünsche zu entdecken, Wünsche nämlich, die lebensbejahend und lebensoffen sind. Wünsche, die einen mit sich selbst vertraut machen, und gerade das ist das Wichtigste, denn die Wünsche brauchen gar nicht alle in Erfüllung zu gehen. Wünsche sind wichtige Lebensäußerungen. In ihnen äußert sich unser menschliches Streben, erkennen wir das, was uns ausmacht. Die Selbstwerdung ist ein lebenslanger Prozess, in den wir Wünsche und Aspekte integrieren, andere loslassen und verlieren.

Nochmals: Wünsche müssen nicht in Erfüllung gehen. Aber es ist wichtig, sie wahrzunehmen, zu kennen und sich mit ihnen abzugeben. Sie dürfen einfach sein. Vielleicht kann man Wünsche erst dann immer wieder fahren lassen, wenn man sie kennt. Wenn man sie gelassen, ohne zu werten, betrachten kann – liebevoll und offen. Es könnte sein, dass wir zu unserem Glück weniger brauchen, als wir meinen.

Verliebte erleben, wie bereits erwähnt, den Himmel, das wunschlose Glück. Die ganze Welt verzaubert sich durch ihren verliebten Blick. Alle Menschen erscheinen liebenswert. Ich plädiere für das Verliebtsein in den gegenwärtigen Augenblick. Ich atme, ich lebe, ich bin – und es ist genug. Braucht es mehr?

Einladung

Achtsamkeit bedeutet, dass wir sachte und bewusst durch unsere Tage gehen. Schritt für Schritt. Es bedeutet, dass wir immer wieder, beispielsweise jeden Abend, unseren Tag sorgfältig und liebevoll betrachten. Wir können Bilanz ziehen, ohne dass wir uns verurteilen, kritisieren und beschuldigen. Ja, das war heute zu viel, das war heute etwas wenig. Es ist so. Ich habe getan, was ich konnte. Ich tat mein Bestes. Und dann entschließen wir uns möglicherweise, am nächsten Tag etwas anderes zu probieren.

- Jeden Tag sein Bestes tun: Das ist genug.
- Wie viel Gutes ist heute von mir ausgegangen?
- Wie viel negativen Einfluss habe ich heute ausgeübt?
- Was habe ich heute (jemandem) zu verdanken?
- Wo ist es mir gut gegangen und weiß ich sogar, weshalb?
- Jeder Tag ist der einzige, den wir zur Verfügung haben.
- Wunschloses Glück: Kenne ich solche Momente?
- Wunschloses Unglück: Ist mir das bekannt?
- Kenne ich das Verliebtsein ins Leben? Nicht als Dauerzustand, das wäre vielleicht die Hölle, aber als Augenblick, als Geschenk des Lebens an uns. Dieser eine Moment vermag dem Leben eine andere Tönung zu geben.

Mit dem Herzen dabei sein

Unseren mitmenschlichen Kontakten fehlt es oft an Wohlwollen und Wärme. Es fehlt das Herz. Es liegt nicht an den Worten, die wir brauchen. Es liegt an dem, was wir fühlen, für uns, für andere. Liebe, Wohlwollen, Wärme, Verständnis, Dankbarkeit, Anerkennung und Zuwendung wollen bewusst und achtsam immer wieder praktiziert werden. Es scheint, dass wir Menschen mit unseren Wünschen und unseren inneren Untiefen uns in unserem Fühlen regelmäßig und beständig in diesen Erlebensqualitäten üben müssen. Es gibt immer wieder eine Chance, das Herz sprechen zu lassen, mit dem Herzen dabei zu sein.

Mit dem Herzen dabei sein meint weniger, *was* wir tun, sondern *wie* wir es tun. Achtsam, mitfühlend, mit Wärme und Mitgefühl. Mit dem Herzen dabei sein meint auch, aus sich selbst heraus zu leben; weniger von äußeren Umständen abhängig zu sein. Unser Glück und unseren Frieden nicht zur Sache der anderen und der Umstände zu machen. Dafür sind wir selbst zuständig.

Wo wir lieben, da können wir mühelos verweilen. Dazu können wir ja sagen. Das Herz sagt immer ja. Aber wozu sagt es ja? Rundum herrschen Krieg, Gewalt, Naturkatastrophen, soziale und ökologische Desaster. Das Herz sagt ja? Es gibt Menschen um uns herum, die unserer Liebe nicht wert scheinen, die uns quälen und schikanieren. Und das Herz sagt ja? Ist das nicht unpassend, obszön, provokant, skandalös? Oder naiv?

Es sollen hier keine alten, trennenden Dichotomien (Aufteilungen) gebraucht werden: Leben / Tod, Mensch / Umwelt, Liebe / Hass. Alles auf dieser Welt hängt miteinander zusammen. Wir Menschen sind wechselseitig voneinander abhängig und wir sind auch mit dem Weltgeschehen, der Natur und den kosmischen Kräften wechselseitig verbunden. Viel Leid auf dieser Erde ist von Menschen gemacht. Watzlawicks „Anleitung zum Unglücklichsein" hat uns auf humorvolle Art gezeigt, dass der Mensch oft, nicht immer, auch Schmied seines Unglücks ist.[11] Was man befürchtet oder vermeidet, tritt erst recht ein: Es ist die sich selbst erfüllende Prophezeiung. Tragödie, Verbrechen, Intrige und Wahn sind der Stoff, aus dem die Welt besteht. Sie sind Voraussetzung für Unglück – sie sind aber auch Möglichkeiten zur Gestaltung, zu höchster künstlerischer Gestaltung.

Die Anleitung zum Unglücklichsein ist paradox und subversiv. Wenn wir verstehen, wie unsere persönliche Sicht auf die Menschen und die Welt unser Befinden bestimmt und prägt, wie Gedanken und Ideen ihre eigenen Wirklichkeiten schaffen – dann durchschauen wir im besten Fall auch unseren Ärger und unser Unglück. Es wird dann schwieriger, das eigene Unglück den bösen Mitmenschen anzulasten.

Herzensqualitäten: Wie wir etwas tun, ja sagen zu uns selbst, Wohlwollen und Wärme auf uns und auf andere ausstrahlen. Wir erschaffen uns mit unseren Gedanken und Gefühlen unsere eigene Welt. Es gibt die sich selbst erfüllende Prophezeiung auch im guten Sinn. Mit Herz.

Jeder Mensch verdient unsere Liebe. Man kann auch so genannte böse Menschen lieben. Sie sind nämlich meist zutiefst verletzt und unglücklich. Vielleicht kann man sie sogar nur auf diese Weise, mit Herz, erreichen. Nicht bei der ersten Begegnung. Auch hier braucht es Geduld und Ausdauer.

Ich erinnere an die schwarze Psychologin Goboda-Madikizela in Südafrika, die den weißen Apartheidsmassenmörder de Kock über Monate hin in dem Gefängnis besucht hat, in dem er lebenslänglich würde bleiben müssen. Sie wollte im Gespräch mit ihm verstehen, wie solche extreme rassistische Gewalt und Grausamkeit überhaupt entstehen und ausgeführt werden konnte. Sie wollte ihn, den Massenmörder, zu verstehen versuchen. Sie hat sich ihm mit Herz und auch mit viel Angst und Schmerz genähert. Er hatte viele ihrer schwarzen Mitmenschen umbringen lassen. Er hat in die Gespräche eingewilligt. In einer der Sitzungen hat er seine Mörderhand auf ihre zitternde Hand gelegt und beide sind dabei zutiefst erschrocken. Später wird er ihr erzählen, dass er zum ersten Mal in seinem angstgeprägten, traumatisierten Leben einen Anflug von Menschlichkeit, von Herzensqualität, gespürt hat. Und erst damit, mit diesem Herzenserleben, konnte Reue aufkommen über alles das, was er sich selbst und anderen zugefügt hat.[12]

Einladung

Prüfen wir unser Fühlen uns selbst und anderen Menschen gegenüber.

Wo spüren wir Wärme und Wohlwollen?

Wo spüren wir Kälte und Abneigung?

Wie verteilen wir unsere Herzensqualitäten? Müssen wir selbst sie verdienen, damit wir uns wohlwollend begegnen? Müssen andere Menschen uns zuerst etwas zuliebe tun, damit wir uns verschenken? Oder leben wir aus einem liebenden Herzen heraus, ungeachtet der Situation, in der wir uns befinden?

Es sind Fragen, die wir uns täglich stellen können. Wir spüren es, wenn wir in unserem Herzen zu Hause sind. Mehr noch: Wir können unser Herz öffnen, wenn wir es wirklich wollen.

Wir können unser Herz in unserer Vorstellung in Licht und Wärme hüllen, täglich mehrmals, und spüren, wie sich das auf uns auswirkt. Wir brauchen Geduld mit uns selbst, denn erst die stetige Übung gewährt uns, dass wir unser warmes, licht-erfülltes Herz tatsächlich spüren.

Vielleicht liegt uns das alles sehr fern. Wir sind von Enttäuschungen geschüttelt, von Ängsten geplagt, wir sind verbittert und hadern mit unserem Schicksal. Das Herz ist hart geworden und tut uns weh in unserer Brust. Wir verachten uns selbst. Skepsis und Misstrauen prägen unsere Kontakte. Wir gelangen vielleicht an einen Punkt, an dem es nicht mehr schlimmer werden kann. Möglicherweise kann es dann ein bisschen besser werden. Wir können Hilfe in Anspruch nehmen, um wieder Zutrauen zu uns selbst und zu anderen zu entwickeln.

„Ich bin mit meinem Herzen dabei" kann ein Satz sein, den wir uns immer wieder vorsagen – bis wir ihn glauben und spüren.

Ich bin mit meinem Herzen dabei – ich bin in der Liebe zu mir selbst und zu den anderen.

In einigen Fällen kann ein Problem nicht auf der Ebene gelöst werden, auf der es entstanden ist. Ein Gespräch ist hoffnungslos geworden, eine Auseinandersetzung fruchtlos. Dann können wir auf die Herzensebene wechseln, in einen Zustand, in dem alles so ist und sein darf, wie es ist. Dann kann sich etwas in uns verwandeln.

Liebe dich selbst wie deinen Nächsten

Der neutestamentarische Satz lautet etwas anders. Liebe deinen Nächsten wie dich selbst. Er ist Allgemeingut geworden. Er ist leichter gesagt als getan. Und er ist umgeben von anderen Sätzen, die ebenfalls zum Volksmund gehören: Auge um Auge, Zahn um Zahn. Und auch: Wenn dich einer auf die eine Wange schlägt, dann halt ihm auch die andere hin. Unser menschliches Sein lebt in diesen Widersprüchen. Zuweilen mag unser Herz eine Mördergrube sein. Machen wir uns keine Illusionen über unsere dunklen Seiten, über unsere Widersprüchlichkeiten. Sie gehören zu unserer menschlichen Existenz wie die Nacht zum Tag. Wir können allerdings den Umgang damit lernen und wählen.

Ich habe in meinem Buch über Versöhnung ausgeführt, dass es sich lohnt, in Gedanken und im Gefühl auf beiden Seiten zu stehen, auf der Seite des Opfers (was den meisten Menschen leicht fällt) und auf der Seite des Täters; auf der Seite des Leoparden, der eine Gazelle tötet – und auf der Seite der Gazelle, die von ihrem Jäger verfolgt wird. Auf der Seite des Schwarzen, der von Polizisten verprügelt wird – und auf der Seite der Polizisten, die angeblich ihre Pflicht erfüllen. Auf der Seite der Mutter, die mit ihren Kindern schimpft, weil sie soeben von ihrem Mann gerügt wurde. Und auf der Seite der Kinder, die nicht verstehen, was ihnen geschieht. Auf der Seite des Mannes, der möglicherweise realisiert, dass er sein Leiden am Arbeitsplatz in Kritik an seiner Frau ausgelassen hat.

Wir haben das Potential zur Gewalt in uns. Das bedeutet aber noch nicht, dass wir es auch ausleben müssen. Doch die Firnisse der Zivilisation sind brüchig und dünn. Die Bestie in uns ist auf der Lauer. Es gibt genug Menschen und

Umstände, die sie wecken. Es ist unsere menschliche Aufgabe, diese Bestie mit allen uns zur Verfügung stehenden Mitteln zu zähmen.

Wenn wir uns durch Mitgefühl in beide Seiten, in Opfer und Täter, hineinzudenken vermögen, wird es möglich, den Kreislauf zu unterbrechen, in dem Opfer zu Tätern werden. Zumindest bei sich selbst.

Liebe deinen Nächsten wie dich selbst: Der Nächste und wir selbst, das sind auch die erwähnten beiden Seiten, die sich in wechselseitiger Abhängigkeit befinden. Die eine ist ohne die andere nicht denkbar. Der biblische Wortlaut geht von der Selbstliebe aus, die wir auch dem Nächsten schenken sollen. Ich glaube nicht, dass die meisten Menschen sich selbst lieben. Sie lieben die anderen, weil sie sich selbst nicht lieben können. Deshalb die nötige Umkehrung: Liebe dich selbst wie deinen Nächsten. Die Liebe zu sich selbst und die Liebe zu den Mitmenschen bedingen einander.

Das zeigt sich unter anderem in Träumen. Die Personen, die vorkommen, sind Teile von uns selbst. Unser Selbst umfasst unbewusst auch die anderen. Wenn wir die Träume zu verstehen suchen, machen wir uns bewusst, dass wir auch die anderen sind.

Wenn wir die anderen mehr lieben als uns selbst, entsteht ein Ungleichgewicht. Wir erwarten etwas für unsere Liebe. Es gibt für uns dann keine Liebe ohne Bedingungen, weil wir uns selbst nicht die Liebe geben können, die wir brauchen. Robin Norwood hat ein erhellendes Buch geschrieben über „Frauen, die zu sehr lieben“, über die heimliche Sucht, gebraucht zu werden, bis zur Selbstaufgabe, bis zur Besessenheit – und selbst dann daran festzuhalten, wenn das Leben zur Qual wird und wenn Schuldgefühle und Selbstvorwürfe dominieren. Es ist kein anderer Lebensentwurf möglich. Es gibt nur eines: über die eigenen Kräfte hinaus andere zu lieben. Und Norwood macht deutlich, wie schädlich das für einen Menschen, Frau oder Mann, ist.[13]

Erwähnen wir jene Menschen, die ständig anderen helfen wollen, um ihre eigene Bedürftigkeit zu stillen. Auf den Helfertrip begibt sich niemand aus Liebe, sondern aus Bedürftigkeit. Aus Mangel an Selbstliebe. Unausgewogene Beziehungen sind ungesund. Helfen wollen bedeutet Kontrolle über andere Menschen haben zu wollen, alles selbst in die Hand nehmen zu müssen.

Ein Beispiel: Liliane, eine alte Frau, hatte ihr Leben lang ein Herz und ein offenes Ohr für andere. Sie achtete sich selbst nicht groß. Sie wollte sich selbst nicht wichtig nehmen. Sie fühlte sich eigentlich nur gut, wenn sie für andere da sein konnte. Zuweilen klagte sie ein bisschen darüber, dass alle anderen bei ihr das Herz ausschütteten. Aber es tat ihr gut und sie fühlte sich gebraucht. Im hohen Alter ließen ihre Kräfte nach. Es war ihr gar nicht mehr möglich, für andere da zu sein. Sie hatte genug mit ihrer eigenen Schwäche zu tun. Ihre Kinder merkten, dass sie einsam geworden war. Ihre Freundinnen meldeten sich nicht mehr, weil Liliane gar nicht mehr genug Kraft hatte, um ihnen zuzuhören. Da sich das einseitige Zuhören und Zusprechen so eingeschliffen hatte, wussten die Freundinnen nicht, wie sie mit dieser neuen Situation umgehen sollten. Lilianes Kinder schrieben im Einverständnis mit ihrer Mutter den Freundinnen einen Brief, in dem sie von Lilianes Älter- und Schwächerwerden berichteten und darum baten, ihr doch weiterhin Freundschaft zu bezeugen und Liliane in ihrer jetzigen schwierigen Phase zu begleiten. Es fiel Liliane schwer zu akzeptieren, dass sich nun die Situation umgekehrt hatte und jetzt *sie* die Empfangende geworden war, ja sein durfte. Es war ein harter Kampf für sie, sich selbst in dieser Situation zu achten und zu lieben. Nun durfte *sie* den anderen ihr Herz ausschütten, sie war es wert geworden.

Mit dem Bild des ausgewogenen Nehmens und Gebens gehen wir anders, liebevoller in Beziehungen hinein. Wir sind achtsamer auf das, was wir geben, was wir nehmen. Und wir hören auf zu geben, wenn zu wenig zurückkommt. Wir sind uns das wert, wenn wir uns selbst lieben. Das ist, auch hier wieder, leichter gesagt als getan.

Einladung

Überdenken wir in einem ruhigen Augenblick die Ausgewogenheit in unseren uns wichtigen Beziehungen:

- Wir lieben uns selbst und die anderen; oft, immer wieder, selten, nie.
- Wir lieben andere Menschen, aber nicht uns selbst.
- Wir lieben uns selbst, aber andere nicht.
- Wir lieben weder uns selbst noch die anderen.

Unausgewogenheit ist problematisch, für uns und für die anderen. Ausgewogenheit bringt ein Gefühl der inneren Ruhe, der Zufriedenheit, des Glücks.

Man mag auch in unausgewogenen Beziehungen zufrieden sein. Vielleicht weil sie eine eigene Bedürftigkeit abdecken. Möglicherweise macht man sich dabei etwas vor, wenn man etwas intensiver darüber nachdenkt. Es mag sein, dass Unzufriedenheiten, Unausgefülltheiten, Ärger und Enttäuschungen immer wieder weggesteckt werden. Wenn man sie anspräche, könnte möglicherweise die Beziehung gefährdet werden. Dabei übersehen wir, dass sie bereits in Gefahr ist, nur schließen wir die Augen davor. Besser den Spatz in der Hand als die Taube auf dem Dach. Besser eine unglückliche Beziehung als gar keine.

Ich spreche nicht von den ganz normalen Unausgewogenheiten, die in jeder Beziehung vorkommen. Zur Pflege einer Beziehung gehört es, immer wieder die Balance von Geben und Nehmen herzustellen. Erst wenn diese Balance über längere Zeit hinweg nicht mehr stimmt, besteht ein Grund zum Aufmerken.

Dann stellen sich entscheidende Fragen. Zum Beispiel danach,

- ob man sich selbst ebenso viel wert ist, wie einem die andere Person wert ist.
- ob man sich selbst in Liebe anschauen mag.
- ob wir vielleicht weder den anderen noch uns selbst lieben, sondern einfach abhängig sind.
- ob wir keinen Schritt wagen, weil wir gar nichts mehr von uns erwarten.
- ob wir möglicherweise zu wenig klar erkennen, dass wir auch die anderen sind.

Das innere Bild einer Waage – in der einen Schale wir selbst, in der anderen der/die andere – kann hilfreich sein, um der Ausgewogenheit von Geben und Nehmen auf die Spur zu kommen; um damit dem Gleichgewicht oder Ungleichgewicht nachzuspüren. Zu merken, ob etwas stimmt oder nicht stimmt. Und wenn es nicht stimmt, bei unseren Gefühlen zu verweilen.

Haben wir uns selbst lieb? Liebe wir uns möglicherweise genug, um einen längst fälligen, mutigen Schritt zu tun? Eine Aussprache anzustreben, kompetente Hilfe in Anspruch zu nehmen – und wenn alles nichts fruchtet, das zu tun, was uns die Wertschätzung und Liebe zu uns selbst aufträgt.

Es sei auch, wie es sei, es ist

„Der Tag ist hin, die Sonne gehet nieder.
Der Tag ist hin und kommet nimmer wieder
mit Lust und Last. Er sei auch, wie er sei,
bös oder gut; es heißt: er ist vorbei. (...)
Wohl dem, der sich in diese Zeit gefunden
und, was die Welt in Torheit zugebracht,
aus wahrer Klugheit sich zu nutz gemacht."

In diesem Abendlied hat J. S. Bach den Text eines französischen Psalters aus dem 16. Jahrhundert vertont. Es hat in allen Zeiten und Kulturen Einladungen gegeben, in das Seiende und Gewesene einzustimmen. Herauszunehmen, was möglich ist, und friedvoll anzunehmen, was sich nicht mehr ändern lässt.

Der Tag gilt hier als Metapher: Es kann eine Krankheit sein, eine Lebenskrise, eine schwierige Beziehung, eine Trennung, ein Todesfall. Annehmen, was ist. Das fällt den meisten Menschen schwer. Wir haben unsere Hoffnungen und Erwartungen. Wenn sie nicht erfüllt werden, sind wir enttäuscht, schimpfen und hadern und fühlen uns benachteiligt. Vor allem dann, wenn wir uns mit anderen, vermeintlich Begünstigten vergleichen. Vergleiche machen mit Sicherheit unglücklich. Oder im anderen Fall überheblich und schadenfroh.

Annehmen, was ist. Es gibt keine Alternative zur Trauer über Verlorenes, nie Erreichtes und Missglücktes. Es gibt nur das Einverständnis mit dem Jetzt. Das lässt sich nicht überspringen. Trauer ist das schmerzliche Innewerden von Verlusten kürzeren, längeren oder endgültigen Ausmaßes. Der Kreislauf unseres Lebens mit Werden und Vergehen – sei es ein Tag, eine Beziehung oder ein Leben – ist immer mit Schmerz, Wehmut, Abschied und Trauer verbunden. Selbst Freudentränen werden aus vorangegangenen Schmerzen geboren.

„Es wird vielleicht auch noch die Todesstunde
Uns neuen Räumen jung entgegensenden,
Des Lebens Ruf an uns wird niemals enden ...
Wohlan denn, Herz, nimm Abschied und gesunde.“ [14]

Es gibt viele Menschen, die Angst haben, zu trauern. Es ist eine Angst, überwältigt zu werden, zusammenzubrechen, sich zu verlieren, alles zu verlieren. Sie verweigern es, einen Verlust anzunehmen. Oder sie halten einen Menschen fest, der sterben möchte. Ein kleines, sehr krankes Mädchen hat einmal seinen Arzt gefragt, ob es sterben dürfe oder am Leben bleiben müsse, damit die Mama nicht traurig sei. Und eine andere Mutter hat viel später, nach dem Tod der Tochter, geschrieben, dass ihr das Schwerste passiert sei, das geschehen könne. Jede Faser ihres Seins habe sich dagegen gesträubt, das Unausweichliche anzunehmen. Aber sie habe es annehmen müssen. Was nun bleibe, sei die große Liebe, die sie für ihre Tochter empfinde. Diese Liebe fülle langsam die Leere, die ihr Tod hinterlassen habe.

Annehmen, was ist. Offen sein für Wandlung. Offen sein für die Liebe, die eine Leere langsam, langsam zu füllen vermag.

Ein Beispiel: Mirjam hat über zwanzig Jahre in einer lieblosen, kinderlosen Ehe ausgeharrt. Ihr Mann war wie ihre Mutter: hart im Geben und hart im Nehmen. Sie selbst spürte sich kaum, nicht im Ausharren, nicht in den ständigen Demütigungen, nicht in der Härte; sie kannte nichts anderes. Sie machte sich schließlich auf den Weg zu sich selbst: zuerst mit Hilfe einer Körpertherapie, dann in einer unerwarteten Liebesbeziehung und schließlich in einer Psychotherapie. Sie merkte, dass sich damals, vor über zwanzig Jahren, zwei Ähnliche gefunden hatten, sie und ihr Mann. Jetzt war sie sich näher gekommen, war weicher geworden, spürte eine neue Lust zu leben. Noch immer herrschte ein großes Durcheinander in ihr. Sie spürte die brennende Scham, so lange im Unglück verharrt zu haben. Sie versucht im Malen und Schreiben einen neuen Ausdruck zu finden, sich selbst zu finden.

Mirjam schreibt ein Gedicht.

> Intensiv, heftig nehme ich diesen Wirrwarr,
> dieses Chaos wahr.
> Mein Atem geht schneller, mein Körper bebt.
> Jeder Atemzug bäumt sich gegen eine Panzerwand.
> Starr sind meine Blicke.
> Mein Herz erträgt das Chaos.
>
> Ich nehme wahr.
> Ich horche auf.
>
> Mein Atem wird ruhiger.
> Mein Körper entspannt sich.
> Behutsam nehme ich an.
> Chaos, Wirrwarr herrschen noch immer.
> Ich lasse sie sein.
> Ich lasse geschehen.
> Die Panzerwand wird bedeutungslos.
>
> Ich nehme wahr.
> Ich horche auf.
>
> Gelassenheit und Leichtigkeit.
> Es fließt.
> Wärme und Weichheit.
> Ich bin da.

Mirjam will kein Selbstmitleid mehr. Sie nimmt an, was gewesen ist. Sie konnte nicht anders. Jetzt ist sie zum Leben erwacht. Sie weint viel. Sie lacht viel. Das Eis ist geschmolzen. Noch ist offen, wie es mit ihrem Mann weitergeht.[15]

Nicht vollzogenes Annehmen von etwas, das unwiderruflich vorbei ist, macht krank. Nicht gelebte Trauer macht krank. Es mag sein, dass ein Mensch nicht allein mit dieser Last zurechtkommt. Dann mag es in einer therapeutischen Beziehung oder in einer Selbsthilfegruppe möglich sein, Trennung, Abschied und Trauer zu erleben, anzunehmen und zu bearbeiten.

> „Es muss das Herz bei jedem Lebensrufe
> bereit zum Abschied sein und Neubeginn"

hat Hermann Hesse in seinem Gedicht „Stufen" geschrieben. Aus tiefer Erfahrung der Hoffnungslosigkeit heraus, die ihn immer wieder befallen hat. Was ist es denn letztlich, was ein Herz zum Neubeginn ermutigt? Ist es die Zu-Neigung, Zu-Wendung und Liebe zu sich selbst, die einen den riskanten Schritt wagen lässt?

Entsteht Lebensmut „aus der Not gewendet", aus Notwendigkeit, weil es keine Alternative gibt? Jedenfalls ist es eine Entscheidung für das Leben und gegen den Tod. Eine Entscheidung für sich selbst.

Einladung

Annehmen und bejahen, was ist; nicht verneinen, was ist.

Wir versuchen uns an Situationen in unserem Leben zu erinnern, in denen uns ein Annehmen und Bejahen gelungen ist. Welchen Schwierigkeitsgrad hatte die Situation für uns?

Weshalb ist es uns gelungen? Welche Auswirkungen hat das auf uns gehabt?

Wir erinnern uns an Situationen, in denen es uns zu schwer fiel, anzunehmen und zu bejahen. Was haben wir dann gemacht? Haben wir weggeschaut, verleugnet, verdrängt, hinausgeschoben, oder sind wir krank geworden?

Wir erinnern uns, welcher Art diese Situationen waren: Misserfolge, nicht erfüllte Erwartungen, Trennungen, vorübergehende oder endgültige Verluste. Wie waren die Nachwirkungen nach unserer Verweigerung?

Können wir uns an die Gefühle erinnern und wie wir mit ihnen umgegangen sind? Wie wir getrauert haben, wie wir mit Rachegefühlen umgegangen sind, wie wir uns getröstet haben? Vielleicht wagen wir uns vorzustellen, wie wir uns jetzt und heute in solchen Situationen verhalten würden, möglicherweise gleich, vielleicht auch anders. Vielleicht haben wir heute mehr und andere Möglichkeiten.

Und wenn wir nun unserem damaligen Selbst Trost zusprechen möchten, dann können wir das jetzt tun.

„Es muss das Herz bei jedem Lebensrufe
Bereit zum Abschied sein und Neubeginn."
„Des Lebens Ruf an uns wird niemals enden."

Was rufen diese Zeilen in uns wach? Erinnern wir uns an erlebte Situationen?

Grenzen setzen – sich selbst zuliebe

Wenn wir uns selbst für wertvoll halten und gut auf uns schauen wollen, können wir Grenzen setzen – uns selbst zuliebe. Wir spüren, wenn uns etwas zu viel wird. Wir können nein sagen. Wir können uns schützen. Nicht immer natürlich, aber immer öfter: Seien wir großzügig zu uns selbst.

Ein Beispiel: Luis hatte immer wieder alles hingenommen am Arbeitsplatz, in der Ehe, gegenüber seinen Kindern. Er versuchte, bei sich selbst die Fehler zu finden, um Ärger und Streitigkeiten zu vermeiden. Er zweifelte viel an sich. Er hatte keine Erziehung genossen, die es ihm ermöglicht hätte, ja und nein sagen zu dürfen und seine Grenzen zu wahren. Er kannte die Freude an eigenen Entscheidungen nicht. So war er immer überfordert, gehetzt und zutiefst unsicher. Schnell geriet er unter Druck. Er spürte, wenn etwas zu viel für ihn war, aber er vermochte nichts dagegen zu tun. Er konnte keine Grenzen setzen, anderen nicht und sich selbst auch nicht. Wenn er nein sagen wollte, kamen extreme Ängste und Schuldgefühle auf: Jemand könnte ihn angreifen, es könnte Streit geben, jemand könnte krank werden und sterben. Alle diese Befürchtungen waren in seiner Biographie verankert und er kannte viele entsprechende Beispiele.

Als eines Tages die Situation mit seinen Kindern eskalierte, spürte Luis genau, dass er etwas für sich tun musste. Er musste auch die Grenzen, die für seine beiden Kinder hilfreich und notwendig wären, endlich erklären und dann ziehen.

Es bedurfte in seinem Fall einer kompetenten Begleitung, damit er seine Vergangenheit aufarbeiten und für die Gegenwart, für sich und seine Familie sowie für seine berufliche Situation offen und frei werden konnte. Und um endlich nein sagen zu dürfen, wenn es die Situation erforderte: sich selbst und den anderen zuliebe.

In die Schwierigkeit, Grenzen zu setzen, spielen meist Schuldgefühle und entsprechende Ängste mit hinein. Es ist eine Fähigkeit, Grenzen setzen zu können. Wir können es lernen, wenn wir uns immer wieder darin üben; vorerst an kleinen Beispielen, dann in schwierigeren Situationen.

Dabei ist Folgendes zu bedenken: Jeder Mensch ist in seinem Unbewussten, in seinen Phantasien, einem Menschen (meist sind es die primären Figuren im Leben) etwas schuldig. Mensch zu sein bedeutet, Schuld auf sich zu nehmen.

Hinzu kommt, dass üble Erfahrungen einen Menschen in seinen Möglichkeiten, Grenzen zu setzen, nein zu sagen, behindern. Damit erhalten andere Menschen Macht über einen; keine komfortable Situation. Grenzen zu setzen soll kein Machtkampf werden. Grenzen setzen ist ein Menschenrecht – sich selbst zuliebe.

Ein Beispiel. Sagt eine Mutter zu ihrer Tochter: „Wenn du deinen eigenen Weg gehst, tust du mir weh bzw. werde ich sterben", dann sind Schuldgefühle bei der Tochter eine normale Reaktion auf eine ungebührliche, grenzüberschreitende Aussage der Mutter. Das Mädchen kann das Grenzüberschreitende bei seiner Mutter noch nicht erkennen; es ist mit solchen Bemerkungen aufgewachsen und hat nichts anderes gekannt. Es vermag möglicherweise erst später zu erkennen, dass die Mutter seine Grenzen immer wieder überschritten und verletzt hat; dass sie der Tochter kein eigenes Leben zugestanden und sie für ihre eigenen Zwecke vereinnahmt hat. Je später diese Erkenntnis im Leben geschieht, desto schwieriger wird es für einen Menschen, die eigenen Grenzen zu schützen. Denn die Wahrung der eigenen, legitimen Grenzen will gelernt werden. Und doch: Es ist nie zu spät, sich für sich selbst einzusetzen.

Grenzen setzen bedeutet, etwas beenden können. Haben Sie jemals in Ihrem Leben etwas beendet, was Ihnen nicht gut getan hat?

Unsere Haut bildet unsere Abgrenzung und unseren Schutz gegen das Außen. Menschen, die sich schwer abgrenzen können, entwickeln oft Hautprobleme. Als würde die Haut dagegen protestieren, dass diese Person ihre Grenzen nicht zu wahren vermag. Als müsste dieser Mensch sich noch selbst dafür bestrafen, dass er sich nicht abgrenzen kann. Ein Teufelskreis, der aufgebrochen werden muss. Oft ist der eigene Körper, auf so unangenehme Weise er sich auch melden mag, ein Freund, der hilft, ein Problem zu erkennen, das angegangen werden will.

Liebe ist Verbindung und Trennung, Zueinanderkommen und Auseinandergehen. Die permanente Symbiose wäre erstickend und einengend. Grenzen zu setzen in einer (Liebes-)Beziehung bedeutet ein Gespür zu haben für sich selbst, bedeutet sich selbst zu respektieren und zu mögen. Dann kann das Grenzensetzen liebevoll, achtsam und mitfühlend sein: anderen und sich selbst gegenüber.

Der prophetische Khalil Gibran hat zum Thema Grenzen setzen viel beizutragen.

> „Doch lasset Raum zwischen eurem Beieinandersein.
> Und lasset Wind und Himmel tanzen zwischen euch.
> Liebet einander, doch macht die Liebe nicht zur Fessel:
> Schaffet eher daraus ein webendes Meer zwischen den Ufern eurer Seelen.
> Füllet einander den Kelch, doch trinket nicht aus *einem* Kelche.“[16]

Das gilt selbstverständlich nicht nur für die Liebesbeziehungen, sondern für alle Beziehungen, in denen wir engagiert leben. Besonders gilt es auch für die Beziehungen von Mächtigen zu denen, die ihnen „unterstellt“ und anvertraut sind. Der Inbegriff davon ist die Beziehung der Eltern zu den Kindern. Der erwähnte Gibran äußert sich dazu folgendermaßen:

„Eure Kinder sind nicht *eure* Kinder.
Es sind die Söhne und Töchter von des Lebens
Verlangen nach sich selbst.
Sie kommen durch euch, doch nicht *von* euch.
Und sind sie auch bei euch, so gehören sie euch doch nicht.
Ihr dürft ihnen eure Liebe geben, doch nicht eure Gedanken,
Denn sie haben ihre eignen Gedanken." [17]

Wir dürfen Grenzen setzen. Wir sollen Grenzen setzen, um uns und den anderen wahrnehmen und respektieren zu können.

Einladung

Grenzen setzen zu können ist allen Menschen ein Anliegen. Je weniger uns die Traditionen konventionelle Grenzsetzungen zur Verfügung stellen, desto mehr ist der einzelne Mensch herausgefordert, seine eigenen Möglichkeiten und Begrenzungen wahrzunehmen und zu schützen. Wie sieht das bei uns selbst aus?

Seine Grenzen wahrzunehmen erfordert eine gewisse Kenntnis seiner selbst und ein entsprechendes Respektieren seiner Grenzen. Es beginnt bei ganz alltäglichen Dingen und geht zu existentielleren Themen weiter: Ich weiß doch, dass ich nach einem Muschelgericht Durchfall habe, aber ich liebe Muscheln / Ich weiß ja, dass mich eine durchgemachte Nacht für mehre Tage lahm legt, aber ich tanze so gern dem Morgen entgegen / Ja, ja, ich rauche/trinke zu viel, aber wie soll ich denn ausspannen im Stress? An irgendetwas stirbt man sowieso / Und bei jeder Anfrage sage ich wieder ja, obwohl ich jetzt schon völlig überlastet bin / Es ist mir klar, dass eine Ehe mit einem Mann aus einer ganz anderen Kultur, der bisher in Armut gelebt hat, mich gewaltig herausfordern wird, aber ich liebe Tumi / Ich weiß, dass mir lange Besuche bei meinem Vater nicht bekommen, aber ich wage es nicht, nur auf einen Kaffee vorbeizugehen / Ich halte meine Ehe seit vielen Jahren nicht mehr aus und fühle mich krank dadurch, aber ich kann meine Frau doch nicht einfach verlassen / Und so weiter.

Ich lade dazu ein, diese Liste mit persönlichen Beispielen fortzuführen. Der Beginn mit kleinen Beispielen macht es einfacher, sich seinen Widersprüchen zu stellen. Wir haben sie alle. Wir kochen alle mit Wasser.

Die entscheidende Frage ist, wie wir mit unseren Widersprüchen umgehen. Sie quälen uns nämlich immer wieder. Sie machen uns unruhig, verspannt und unzufrieden.

Da lohnt es sich, sich selbst einige Fragen zu stellen:
Was bedeutet es,

- gut auf mich zu schauen?
- mich selbst als wertvoll zu sehen?
- mich liebenswert zu finden?
- eine für mich stimmige Entscheidung zu treffen?

Entscheiden bedeutet Verantwortung für sich zu übernehmen. Haben Sie jemals in Ihrem Leben eine Entscheidung getroffen?

Und haben Sie jemals eine für sich durch und durch stimmige Entscheidung getroffen?

Wir müssen uns entscheiden. Wir können in einer unbefriedigenden Beziehung bleiben und unseren ungesunden Gewohnheiten weiter frönen. Auch dann haben wir uns entschieden und nehmen die Risiken auf uns.

Wir übernehmen die Verantwortung für uns selbst. Das ist eine Form von Selbstrespekt und Selbstachtung. Vielleicht vermögen wir diese Entscheidung liebevoll zu treffen. Dann werden wir sensibler für das, was uns schaden kann.

Aber freuen wir uns nicht zu früh. Gute, liebevolle Entscheidungen können viel Zeit und Energie in Anspruch nehmen. Und sie sind nie endgültig. Wir müssen uns immer wieder in neue Lebenssituationen einpassen.

Es ist im Leben immer wieder vieles anders, nicht planbar, nicht voraussehbar. Leben bedeutet Bewegung, bedeutet beginnen und beenden, bedeutet schwimmen und wieder an Land kommen. Haben Sie in Ihrem Leben jemals etwas wirklich beendet, das Ihnen nicht gut getan hat?

Eigenliebe und Selbstliebe

Die Sage von Narziss erzählt von einem schönen Jüngling, der im Wald in einen klaren Teich hineinschaut und sein Spiegelbild erblickt. Diese Geschichte ist zum Inbegriff der Liebe geworden, die man dem eigenen Bild entgegenbringt. Eigenliebe oder Selbstliebe?

Schon sind wir in der spannenden Zwiespältigkeit, die der in verschiedenen Varianten existierenden und immer wieder neu interpretierten Sage vom Narziss anhaftet. Narziss verliebt sich in das Spiegelbild im Teich, aber er weiß nicht, dass er selbst es ist, den er erblickt. Auch das ist eine der Varianten.

Künstler haben seit Jahrhunderten dieses Bildmotiv der Eigenliebe in Kunstwerke umgesetzt. Wissenschaftler bemühen sich um vielfältige und teilweise widersprüchliche Auslegungen der Sage. Und in der Nachfolge Sigmund Freuds, der aus dieser Sage heraus den Begriff des Narzissmus entwickelt hat, streiten sich die Gelehrten darum, ob die so genannten Narzissten wirklich nur pathologische, egozentrische und beziehungsunfähige Menschen sind oder ob ein gewisser Narzissmus ganz menschlich ist.[18]

Das alles zu verfolgen ist spannend, weil es zum einen das brennende Interesse zeigt, das die Menschen seit Jahrhunderten den Themen von Eigen- und Selbstliebe entgegenbringen. Zum anderen nehmen wir erstaunt und mit einem Lächeln zur Kenntnis, wie sowohl Eigen- als auch Selbstliebe die Gemüter entfachen. Und das in einer Bandbreite, die von der Verteufelung bis zur Idealisierung reicht.

Ich denke, dass wir uns die Liebe zu uns selbst zuzubilligen und explizit zu gönnen haben. Das ist in unserer Kultur gar nicht so selbstverständlich. Nur zu gern wird die Selbstliebe als Egoismus und Eigennutz diffamiert. Deshalb möchte ich für eine Unterscheidung von Eigenliebe und Selbstliebe plädieren, ohne dabei spitzfindig oder widersprüchlich zu werden.

Eigenliebe gehört meines Erachtens zum Phänomen der Selbstbespiegelung, die einen in Bann ziehen kann. Die anderen Menschen werden für den eigenen Nutzen vereinnahmt. Selbstbezogenheit und Eigennutz können ein Ausmaß erreichen, in dem die Mitmenschen nicht mehr als eigene, einzigartige Individuen mit eigenen Vorstellungen gesehen werden können. Sie werden vereinnahmt, gebraucht, zu sehr geliebt oder gar nicht geliebt. Sie sind da, um dem Eigenliebenden und dessen Bedürfnissen gerecht zu werden.

So wird nach Johannes von Kreuz der harte Mensch in seiner Eigenliebe noch härter. Er verschanzt sich – um sich zu schützen. Der harte, ungesunde Egoismus entsteht gerade aus einem Mangel an Selbstliebe. Selbstliebe und ein gesunder Egoismus – im Sinne des Einstehens für die eigenen Bedürfnisse, ohne damit anderen schaden zu wollen – sind durchaus miteinander vereinbar.

Zur Selbstliebe gehört die Fähigkeit, eigenes Leid und eigene Schwäche wahrzunehmen und anzunehmen. Daran vermag ein Mensch zu erstarken. Es bedeutet seelische Stärke und Selbst-Bewusstsein sowie die Möglichkeit, auch den anderen Menschen Leid und Schwäche zuzugestehen. Menschen, die sich selbst lieben, mögen lebendige Kontakte. Sie lieben die Freiheit, andere zu lieben. Selbstliebe und die Liebe zu anderen gehören zusammen.

Ich habe es mir zur Angewohnheit gemacht, bei Menschen, die mir Mühe machen, zunächst mal innezuhalten, einen Schritt zurückzutreten, meine eigenen Gefühle zu spüren. Vielleicht erinnert mich dieser Mensch an einen anderen, mit dem ich früher meine Mühe hatte. Es kann auch möglich werden, die Not des Menschen zu spüren, der uns Mühe macht. Ich kann mir heute nicht mehr vorstellen, dass ein Mensch unangenehm auffällt und Ungutes tut, ohne dass er in einem Unglück, in einer Notsituation steckt. Wenn ich dies fühle, dann verändert sich mein Verhältnis zu diesem Menschen grundlegend. Ohne dessen Not zu verleugnen, erkenne ich auch die liebenswerten Seiten und kann besser mit beiden Anteilen umgehen.

Lassen wir, wenn wir mögen, unseren eigenen Vorstellungen zu Eigenliebe und Selbstliebe freien Lauf. Es mag durchaus sein, dass wir sowohl bei der Eigenliebe als auch bei der Selbstliebe eigene Beispiele finden. Alle Selbsteinsichten sind willkommen. Wir können uns erst dann verändern, wenn wir uns selbst annehmen. Andernfalls verbrauchen wir unsere Energie durch den Kampf in uns selbst.

Im Internet finden wir alle die verschiedenen Varianten der Narziss-Sage samt ihren unterschiedlichen psychoanalytischen, psychologischen und philosophischen Ableitungen. Einige mögen Lust haben, den verschiedenen Versionen der Sage zu folgen und sich inspirieren zu lassen. Andere sind interessiert, den unterschiedlichen Fassungen des Narzissmusbegriffes nachzugehen und zu überlegen, wo sie sich mit ihren eigenen Vorstellungen einzubringen vermögen.

Es ist hochinteressant zu sehen, dass es so viele, sich teilweise widersprechende Fassungen und Interpretationen der Narziss-Sage gibt. Ein Verfolgen dieser Spuren kann zu einer lehrreichen und selbst-bewusstseinserweiternden Reise werden.

Es muss nicht immer die Selbstschau sein, die uns uns wahrnehmen lässt. Wir können dies auch durch Träume, Imaginationen, Geschichten, Märchen, Lieder, Sagen, Filme und anderes mehr tun. Wir haben einen unermesslichen Reichtum an menschlichen Schöpfungen vor uns, mit dem wir uns lustvoll und phantasievoll beschäftigen können – wenn wir mögen.

Selbstwert und Selbstliebe

Der Selbstwert – was wir uns selbst wert sind – ist heute ein vielfältig bearbeitetes Thema. Die Literaturliste dazu wird ständig länger. Die Betonung des Selbstwertes hat mit unseren soziokulturellen Werten zu tun. Längst hat die Wirtschaft erkannt, dass nur der Mitarbeiter gute Leistungen erbringt, der sich selbst wertschätzt. Selbstwert hat also durchaus eine ökonomische, sprich: leistungsorientierte Seite. Ein guter Selbstwert ist heutzutage wichtig, um in persönlichen Beziehungen und am Arbeitsplatz zu bestehen.

Die Fähigkeit, etwas auszuhandeln, und Flexibilität sind entscheidende Voraussetzungen, um im Leben bestehen zu können, und beide Fähigkeiten haben mit dem Selbstwert zu tun. Doch er kann weitaus mehr sein. Er kann in Richtung Zufriedenheit, Gelassenheit im Umgang mit sich selbst und mit anderen, in Richtung innerer Freiheit und Glück erweitert werden. Ohne den eigenen Selbstwert fühlen und leben zu können, ist es nicht möglich, sich selbst zu lieben. Selbstwert ist eine Voraussetzung für Selbstliebe.

Ich erinnere mich an eine Szene in Südafrika. Ich saß mit Schwarzen im Township beim mittäglichen Sandwich. Ich erzählte von meinem großen Ärger mit meiner (weißen) Vorgesetzten. Ein Kollege zeigte mit einer Handbewegung auf die vertrocknete Wiese vor dem Trauma-Centre hin und sagte: „Für 50 Rand (das sind 7 Euro) könntest du einen dieser herumlungernden Jugendlichen anheuern, um deine weiße Lady umzubringen. Er würde es machen, weil die Menschen hier mausarm sind. Sie machen alles, um zu ein paar Rand zu kommen."

Und ich dachte entsetzt: So tief kann man in der Diskriminierung, in Elend und Krankheit sinken, dass man jeglichen Wert und Respekt vor sich selbst und vor einem anderen Menschen verliert. Eine erschreckende Perspektive; eine Realität, die Angst macht.

Vom Selbstwert zur Liebe zu sich selbst ist ein großes Stück Weges zu gehen. Ich glaube, dass die Liebe in die existentielle Tiefe menschlichen Seins hinabreicht, wo es um die letzten Dinge geht: Leben und Tod; Trauma und Traum, Glaube und Hoffnung. Und dass sie in den Bereich der Spiritualität hineinreicht, in dem die Eingebundenheit in eine Kraft, die größer ist als jene der Menschen, und in die Verbundenheit von Kosmos und Mensch, von Mensch und Mensch wichtig sind. Es ist ein Verzicht darauf, alles kontrollieren zu wollen, um die Kontrolle über sich selbst zu bewahren. Es gibt höhere Mächte, denen wir uns anvertrauen können. Wie wir diese höheren Mächte benennen, ist unsere ganz persönliche Sache.

Mit dieser Ausrichtung darauf, dass wir nicht alles in den Händen haben und nicht immer „Herr oder Frau im eigenen Haus“ sind, wird Demut möglich.[19] Sie ist nicht mit Unterwerfung zu verwechseln, sondern mit Annehmen, was ist, und mit einer Verbeugung vor allen Kräften in uns und anderen Menschen, die nicht leicht zu bändigen und zu steuern sind. Dies gilt im positiven und negativen Sinn. Die Liebe ist eine unsere Steuerung überschreitende Kraft, die jeden Menschen zu durchdringen vermag; die die Menschen untereinander und die Menschen und den Kosmos miteinander zu verbinden imstande ist.

Ein Beispiel. Marianne erzählt: „Wenn ich mich sehr mutig und stark fühle, frage ich mich, ob die Liebe etwas Persönliches ist. Ob sie in Wirklichkeit nicht etwas Überindividuelles ist, das sich in Personen fängt, das durch uns alle hindurchgeht und in der besonderen Beziehung zweier Menschen aufstrahlt. Ob wir alle Röhren sind, durch die die Liebe hindurchströmt? Solche Gedanken haben so gar nichts mehr gemein mit dem, was ich von meinen Eltern über Liebe gehört habe. Aber sie eröffnen mir die Möglichkeit zu fühlen, dass ich nicht um jeden Preis mit einem Mann zusammenleben muss, dass auch das Alleinsein eine Perspektive ist, dass das Paar nicht das einzige Gefäß ist, in dem sich die Liebe sammelt. Das zu wissen macht mich freier als meine Mutter. Und freier auch den Männern gegenüber."[20]

Es ist eine befreiende Vorstellung, dass die Liebe eine Energie ist, die uns alle durchströmt, wenn wir uns ihr zu öffnen vermögen: uns selbst gegenüber, anderen gegenüber. Die Liebe meint kein Entweder-oder, sondern ein Sowohl-als-auch: nicht ich *oder* die anderen. Sondern ich *und* die anderen.

Einladung

Beginnen wir beim Selbstwert. Vergegenwärtigen wir uns Situationen, in denen wir unseren Selbstwert spüren und genießen.

Vergegenwärtigen wir uns Situationen, in denen wir den Wert unserer selbst vermissen, in denen wir uns möglicherweise gar nicht annehmen können.

Entwickeln wir Strategien, wie wir unseren Selbstwert aufzubauen und zu stärken vermögen. Zum Beispiel dadurch, dass wir uns in unseren Stärken und Schwächen annehmen und uns überlegen, wie wir unsere Stärken weiterentwickeln können. Und indem wir uns immer wieder selbst zuschauen, uns loben, wenn uns etwas gelingt, und uns ermutigen, wenn etwas noch nicht unseren Wünschen entspricht.

Vergegenwärtigen wir uns die entscheidenden Stationen der Entwicklung oder Blockierung von Selbstwert im Laufe unseres Lebens, von der Kindheit bis heute. Nehmen wir uns genügend Zeit dafür. Sich für sich selbst Zeit und Raum zu nehmen stärkt den Wert des Selbst.

Welche Personen und Situationen haben
- uns wachsen lassen?
- an uns geglaubt?
- uns blockiert?
- uns eingeschüchtert?
- uns entwertet?

Wie sind wir damit umgegangen?

Wie beschreiben wir heute unseren Selbstwert?

Wie unabhängig und eigenständig sind wir in unserem Selbstwert bzw. als wie abhängig erleben wir uns von den Meinungen anderer über uns?

Selbstliebe, wie ich sie im vorherigen Kapitel zu erfassen versuchte, hat mit der Eingebundenheit in etwas Größeres und mit der Verbundenheit mit uns selbst und mit anderen zu tun.

Welches Verständnis von Selbstliebe entspricht unseren eigenen Vorstellungen?

Wagen wir uns selbst zu lieben? Wie fühlt es sich an, wenn wir uns voll und ganz annehmen?

Uns und die anderen. Ohne wenn und aber. Ohne Bedingungen. Im Bewusstsein, dass jeder neue Tag uns eine Chance gibt, uns anzunehmen. Wenn wir uns annehmen, vermögen wir zu wachsen und uns zu entwickeln.

Liebesbeziehungen laden Menschen zu individuellem und gemeinsamem Wachstum ein. Beides eben. Primär werden emotionale und sexuelle Nähe ersehnt. Der Übergang von der Verliebtheit zum Gewahrwerden, dass die Sehnsucht nach Harmonie und Verschmelzung nie ganz in Erfüllung gehen kann, ist in jeder Liebe immer auch desillusionierend. Kann dieser Übergang immer wieder bewusst gestaltet werden, entfalten sich die Möglichkeiten zum Wachstum.

Die Fähigkeit, sich selbst zu lieben, wird zum Gradmesser der Liebe zu einem anderen Menschen. Wer sich selbst nicht liebt, kann entweder kaum glauben, dass ihn jemand anderes liebt, oder ist völlig abhängig davon, dass ihn jemand anderes liebt.

Die Liebe zu sich selbst ermöglicht erst, sich dem Partner so zuzumuten, wie man ist. Das setzt voraus, seine eigenen Gefühle wahrnehmen zu können und sich nicht davon überwältigen lassen zu müssen. Beim Umgang mit Gefühlen geht es im Kern immer um den Umgang mit Angst. Es ist die Angst vor der eigenen Unberechenbarkeit, die Angst, sich nicht ausdrücken zu können, und immer auch die Angst, beim anderen nicht anzukommen.

Sich zu zeigen, sich dem anderen zuzumuten, eigene Wünsche zu äußern, das alles geht nicht ohne die Angst, nicht wahrgenommen und nicht angenommen zu werden. Glück scheint die Möglichkeit zu sein, diese Angst zu modulieren, einzudämmen und für das eigene Wohlbefinden gut zu sorgen. Der amerikanische Sexualtherapeut David Schnarch spricht von der selbst-bestätigten Intimität als der Möglichkeit, sich dem Partner zu öffnen, ihm nahe zu sein und dabei in sich selbst Bestätigung zu finden; jenseits von Unterwerfung und Anpassung, jenseits von Kontrolle und Vereinnahmung. Beide Partner entwickeln sich durch die Bestätigung ihrer selbst als liebende Partner.[21]

Ich folge David Schnarch dort, wo er betont, dass er es nicht empfiehlt, den Partner mehr zu lieben als sich selbst. Der größte Vertrauensbeweis in einer Paarbeziehung gilt sich selbst, nämlich ob man sich selbst etwas zutraut. Je stärker die eigene Liebe zum Partner ist, desto stärker muss die eigene Fähigkeit ausgeprägt sein, sich selbst zu beruhigen und zu trösten. Es braucht Mut, die Liebe zum Partner und zu sich selbst in Balance zu halten.[22]

Ein Beispiel: Eva und Adam sind seit sechs Jahren ein Paar. Beide sind berufstätig und leben in einer eigenen Wohnung in derselben Stadt. Sie verbringen einen Großteil ihrer Freizeit und Ferien miteinander. Eva leidet seit ihrer Kindheit an Verlassenheits- und Trennungsängsten. Diese früheren Selbste (ich werde verlassen) drängen sich immer wieder in ihr erfülltes Erwachsenenleben. Adam hat auch mit früheren Selbsten zu kämpfen. Immer noch setzt er sich trotzig vom Lebensstil seiner Eltern ab, was ihn viel Energie kostet.

Beide haben im letzten Jahr je eine Affäre gehabt, die ihnen immer noch zu schaffen macht. Das Vertrauen ist bei beiden auf dem Tiefpunkt. Sie merken im Gespräch, dass sie sich selbst auch nicht vertrauen. Eva: „Ich vertraue mir nicht, ich liebe mich nicht – außer ich leiste etwas Tolles im Beruf. Das ist zu wenig. Ich möchte mich selbst anerkennen und mögen." Adam: „Ich möchte Eva nicht ausweichen, obwohl sie mir manchmal Angst einflößt. Ich muss mich selbst mehr dazu ermutigen, mich als Mann und Partner zu stellen."

Die nächsten Entwicklungsschritte werden beiden in einer längeren Paarberatung klar. Sie erkennen, dass es darum geht, einen sich selbst stärkenden Umgang mit den Ängsten, dem Vertrauen und der Liebe zu sich selbst zu finden. Auf diese Weise wird die Liebesbeziehung von den Nöten beider Partner entlastet. Beide haben bisher gemeint, der andere müsse das für sie tun; ein Modell abhängiger Liebe. Wenn sie es beide für sich tun, entsteht Raum für die Liebe im Paar.

Eva: „Wenn ich mich jetzt gut fühle, für mich selbst oder mit Adam, dann habe ich mich gern. Das ist ein Anfang. Ich habe meine Verlassenheitsängste schon lange nicht mehr gespürt. Wir beginnen uns auf neue Art zu erkennen und zu lieben." Adam: „Ich muss mich nicht mehr so um Eva sorgen. Sie sorgt für sich selbst, und ich kümmere mich darum, dass es mir gut geht. Das fühlt sich sehr entlastend an. Ich bin heute anders mit ihr zusammen als zuvor, offener, freier von Erwartungen." Eva: „Wenn wir streiten, streiten wir anders, auf gleicher Augenhöhe, fairer, weniger verletzend, versöhnlicher, und beide gewinnen wir den Streit."

Wer sich selbst nicht liebt und damit sich selbst aufgibt, hat wenig zu geben. Wir haben die Verantwortung für unser eigenes Leben zu übernehmen.

Wenn in einer Paarbeziehung unterschiedliche Bedürfnisse auftauchen, muss ausgehandelt werden. Wer bestimmt den Wohnort, den Arbeitsort, den Lebensstil, die Freizeit- und Feriengestaltung? Wer leistet einen Verzicht bzw. bringt ein Opfer, wenn ein Konsens nicht möglich wird? Wie lebt es sich mit einem Verzicht, und wie lebt es sich als Partner, wenn der oder die andere einen Verzicht leistet?

Es ist zuweilen sehr schwierig, zwischen einem sinnvollen und einem schädlichen Verzicht oder Opfer zu unterscheiden. Wenn der Konsens im Paar erreicht werden kann, dass eine Seite einen Verzicht erbringt, wird die Paarbeziehung weniger belastet, als wenn beispielsweise der Mann es einfach nicht einsehen will, wie schwer es seiner Frau fällt, ihrem Beruf nicht mehr nachgehen zu können; oder wenn die Frau einfach nicht verstehen kann, weshalb ihr Mann sein Hobby so leidenschaftlich pflegt.

Sich anzuerkennen, sich zu bestätigen, sich zu vergeben im Paar ist immer auch ein Akt der Sorge um sich selbst und eine bewusste Entscheidung dafür, ein selbst bestimmtes Leben zu führen, als Partnerin, als Partner.

Partner verstehen sich nie vollständig, selbst wenn sie sich selbst gut kennen und den anderen und sich selbst lieben. Bei aller Nähe und Intimität begegnen sich in einer Liebesbeziehung immer auch zwei ganz andere, ganz unterschiedliche, manchmal gar fremde Menschen. Liebe bedeutet immer auch einsam zu sein, auf sich selbst zurückverwiesen zu sein. Deshalb ist es so wichtig, sich selbst anzunehmen und zu lieben. Wenn sich in der Liebe zwei Einsamkeiten in Respekt begegnen, dann kann Nähe entstehen.[23]

Einladung

Lieben bedeutet wachsen und sich entwickeln: zu sich selbst hin und in der Partnerschaft.

Wie sieht das bei mir aus?

Verdiene ich Zuneigung und Liebe, ohne dass ich etwas dafür leisten muss?

Kann ich mich mir selbst und dem Partner, der Partnerin zumuten?

Wage ich es, in einer Partnerschaft zu mir selbst und zu meinen Bedürfnissen zu stehen?

Wage ich es, in Liebe, Ruhe und Klarheit auszuhandeln, inwieweit den unterschiedlichen Bedürfnissen Rechnung getragen wird?

Kann ich meine Ängste regulieren? Wie mache ich das?

Vermag ich bei mir selbst und beim anderen das je Eigene zu erkennen und anzunehmen?

Wie begegne ich der unvermeidlichen Einsamkeit in der Liebe?

Liebe ich mich selbst genug, um auch den anderen zu lieben?

III

Sich selbst zuliebe – es ist immer wieder anders

Viele Dinge verlaufen nicht nach unseren Wünschen

Wir wissen nicht, wie wir reagieren werden, wenn uns in den nächsten Minuten ein Schicksalsschlag treffen wird. Wir können es uns im Bereich des eben immer Möglichen vorstellen, uns in Gelassenheit üben, uns sagen, dass wir bereit sind für das, was uns das Leben zuspielt. Dass viele Dinge nicht nach unserem Wunsch verlaufen, beginnt beim Kleinsten, Alltäglichen und endet beim Letzten, bei unserem Tod. Wir haben damit zu leben, dass es keine absoluten Gewissheiten gibt, weder für uns noch für die anderen. Es gibt keine endgültigen Sicherheiten im Leben. Leben ist prekär, ist gefährdet, ist endlich.

Es gibt kulturspezifische Unterschiede. Wenn ich meinen Freunden und Kollegen in Südafrika klagen würde, dass viele Dinge im Leben nicht nach unserem Wunsch verlaufen, würden sie vielleicht lächeln oder schallend lachen oder die Achseln zucken und sagen, ja, klar. So ist das Leben. Sie kennen nichts anderes. Sie sind froh, wenn überhaupt einmal etwas klappt. Sie sind zu Überlebenskünstlern geworden, die sich in fast allen Situationen zurechtfinden können. Sie strahlen im ganz gewöhnlichen Alltag eine Fröhlichkeit und Zuversicht aus, die ich hier, im europäischen Bereich, wenig antreffe.

Ich beobachte mich und andere, die aus der Fassung geraten können, wenn die Dinge nicht nach Wunsch laufen. Der Zug hatte große Verspätung/der mitgebrachte Wein hat Zapfen/

die Prüfung ist nicht gelungen / der Computer ist abgestürzt, schon wieder / sie hat sich durch einen Seminarteilnehmer wieder im geplanten Ablauf durcheinanderbringen lassen / er muss noch vor den Ferien im Eiltempo ein neues Computerprogramm lernen / während der Ferien hat es jeden Tag geregnet / die Tante, die sie pflichtbewusst besucht haben, hat sich gar nicht über den Besuch gefreut, so schien es wenigstens und hinterließ kein gutes Gefühl.

An solchen Situationen lässt sich üben, ob wir uns selbst genug lieben, um das zu tun, was für uns gut ist. Und dann dazu zu stehen, was wir gemacht oder nicht gemacht haben. Um an das obige Beispiel anzuknüpfen: Die Neffen haben die Tante besucht und das war gut so. Sie wollten ihr – und hoffentlich sich selbst – eine Freude machen. Wenn die Tante nicht erfreut schien, ist das ein anderes Kapitel und hatte möglicherweise ganz andere Gründe. Vielleicht fühlte sie sich nicht wohl. Vielleicht hatte sie einen Kummer, den sie nicht mitteilen wollte. In solchen Situationen ist es klug, der Tante die Verantwortung dafür zu geben, wie sie den Besuch erlebt hat. Die Neffen haben ihr Bestes getan und können nicht erwarten, dass die Tante so reagiert, wie sie es sich vielleicht wünschen möchten. Das wäre zwar schön, aber eben: Beide Seiten erleben dasselbe – den Besuch – auf unterschiedliche Weise.

Es heißt, dass wir uns offen halten für die Unwägbarkeiten des Lebens im Kleinen wie im Großen. Wir erwarten weder pünktliche Züge noch das Bestehen jeder Prüfung, wir wissen um unangenehme Seminarteilnehmer, um die Kapricen des Wetters sowie darum, dass Pflichtbesuche schwierig werden können. Wir quälen uns nicht mit vielen Erwartungen. Wir machen das, was wir – uns selbst zuliebe – machen wollen (Reisen, Besuche, Prüfungen, Seminare).

Ärger ist ein großes Thema in der heutigen Zeit, wo täglich so viele Erwartungen auf Perfektion geschürt werden. Wo immer mehr Präzision suggeriert wird und somit Pannen immer ärgerlicher werden, weil man den Verheißungen Glauben schenkt.

Wir freuen uns, wenn etwas gelingt. Wenn es nicht gelingt, können wir unser Pech annehmen. Es ist, wie es ist. Wir können es nachträglich auch nicht mehr ändern. Vor allem wollen wir nicht in schlechten Gefühlen verharren. Wir möchten uns entlasten. Wir können etwas daraus lernen. Wir werden wieder offen für den nächsten Ruf des Lebens. Wir haben unser Bestes geleistet – das reicht, das ist genug.

Wir haben unser Bestes aus freiem Willen und aus Überzeugung getan. Wir sind uns selbst treu und möchten niemandem schaden, auch wenn wir ab und zu nein sagen müssen. Wir können es in Liebe tun. Im Zweifelsfall müssen wir auf uns selbst schauen. Das ist in der Regel alles, was wir machen können. Alles Weitere liegt in der Regie der Umstände, der Natur und der anderen Menschen. Uns darüber zu ärgern, mag vorkommen, aber wir wollen diesen Ärger nicht nähren, wir möchten ihn wieder gehen lassen. Wir wollen unabhängiger werden, auch von äußeren Umständen. Wir geben ihnen nicht mehr so viel Macht über uns.

Das Gutgemeinte ist das Allerschlimmste. Weshalb? Weil das Gutmeinen voller Erwartungen ist. Das Gutmeinen möchte die Reaktionen des anderen bestimmen. Es erheischt Dankbarkeit und ist ganz und gar von Eigennutz bestimmt. Das kann nicht gut ausgehen. Seien wir uns vielmehr bei allem, was wir anderen zuliebe tun wollen, auch selbst lieb.

Ein Beispiel: Urs erzählt stolz vom Abschluss seiner Diplomarbeit. Er hat immer wieder an sich selbst gezweifelt und mehrere Phasen durchlebt, in denen er nicht sicher war, ob er die Arbeit zu einem guten Ende führen könne. Nun hat er es geschafft und die Arbeit eingereicht.

Urs hat die eine Kopie seiner Diplomarbeit seinem Vater zur Lektüre gebracht und wird sie heute Abend bei ihm abholen. Er fragt sich nun, ob er einen Fehler gemacht habe, denn er lechzt nach einem Kompliment. Er möchte einmal mehr vor seinem Vater eine Pirouette drehen und erinnert sich, dass das bei früheren Versuchen nicht immer gut angekommen ist. Sein Vater hat ihn kaum je gelobt.

Ich spreche ihn auf sein eigenes gutes Gefühl an, eine große Arbeit geleistet zu haben. Und auch darauf, dass sein Vater möglicherweise Neid empfinden könnte, weil ihn sein Sohn beruflich überholt hat. Der Vater hat sich aus einfachen Verhältnissen emporgearbeitet und nie die Bildungsmöglichkeiten erhalten, die sein Sohn nun hat. Ich frage Urs, ob er dieses Kompliment seines Vaters wirklich brauche und ob ihm sein eigenes gutes Gefühl nicht ausreiche. Ich unterstütze ihn darin, dass er ohne Erwartungen bei seinem Vater vorbeigeht und offen ist für jene Reaktion, die seinem Vater möglich ist. Vielleicht wird Urs entdecken, dass dessen Reaktion mehr über ihn, den Vater selbst, aussagt als über die Qualität der Arbeit.

Viele Dinge verlaufen nicht nach unserem Wunsch. In solchen Momenten ist es wichtig, dass wir an uns selbst und unsere Möglichkeiten glauben. Das kann niemand für uns tun.

Wir haben es oft nicht in der Hand, wie andere reagieren. In menschlichen Beziehungen läuft vieles nicht wie geplant. Das moderne Leben ist oft strapaziös und stressig. Das muss uns nachdenklich stimmen. Die Ursachen sind vielfältig.

Auf der gesellschaftlichen Ebene vermögen die erwähnten Angebote zur Selbstentfaltung, Problembearbeitung und Psychotherapie die offenbar schädigenden, schwächenden Auswirkungen des modernen Lebens nicht aufzuwiegen.[24]

Auf der psychologischen Ebene hat es viel mit unseren eigenen Erwartungen gegenüber den anderen zu tun; mit der in unserer Kultur so fatalen Unsitte, andere Menschen ändern zu wollen, sie so zurechtzubiegen zu versuchen, dass sie endlich unseren Wünschen entsprechen. Das kann nicht gut ankommen.

Viel ist gewonnen, wenn wir nicht jede Reaktion eines Mitmenschen persönlich nehmen müssen. Wenn wir ohne Erwartungen auf den anderen zugehen können. Erst dann erkennen wir den anderen Menschen in seinem So-sein, in seinen Möglichkeiten und Beschränkungen. Möglicherweise haben Reaktionen eines Menschen, die uns irritieren, gar nicht so viel mit uns selbst zu tun, sondern mit eben jenem Menschen.

So, wie wir uns selbst nur entwickeln und verändern können, wenn wir uns annehmen, so kann sich eine persönliche Beziehung zu einem anderen Menschen nur entwickeln und wachsen, wenn ein wechselseitiges Annehmen, liebevoller Respekt und Wohlwollen immer wieder versucht werden. Prüfen wir also immer wieder unsere Erwartungen. Das braucht Zeit – und eine wohlwollende innere Offenheit.

Einladung

Diese Einladung zielt auf eine geduldige, ausdauernde Selbstbeobachtung ab.

Wie gehen wir damit um, dass etwas nicht so läuft, wie wir es gern möchten:
– im Alltag
– in uns wichtigen Beziehungen
– am Arbeitsplatz

Wir prüfen unsere Erwartungen, die uns bei einem Nichtgelingen unausweichlich mannigfaltige Gefühle von Ärger, Enttäuschung, Wut und Rache bescheren.

Möglicherweise können wir uns darin üben, weniger Erwartungen zu haben.

Wie gehen wir mit Ärger und mit Ungeduld, mit Enttäuschung, Wut und Rachegefühlen um?

Wenn wir erst noch lernen, nicht bei den schlechten Gefühlen zu verharren, sondern üben, sie ruhig zu betrachten, sie nicht zu werten und sie wieder loszulassen – dann sind wir schon recht nahe bei uns selbst und dem Gutsein zu uns. Den Tücken des Alltags will mit Geduld und Gelassenheit begegnet werden.

Und natürlich profitieren auch unsere Mitmenschen davon.

Wir schenken den Widrigkeiten unseres Lebens immer wieder ein Lächeln.

Manchmal meinen wir, wir tun uns mit einer bestimmten Handlung oder Entscheidung selbst etwas zuliebe. Doch dann gerät vieles aus dem Lot. Das Ergebnis sind Reue, Selbstvorwürfe, Selbsthass, Beschuldigungen, möglicherweise auch von anderen, Projektionen und viel Grübeln, was jetzt wäre, wenn das eben nicht gewesen wäre. Und gute Vorsätze: Es wird nicht mehr passieren.

Unsere Kultur ist eine Fehler-Tabu-Kultur. Zwar sind Fehler unvermeidlich. Aus Fehlern können wir lernen. Doch gleichzeitig sind Fehler ein Tabu: für uns selbst (nein, wie konnten wir nur ...) und für andere (das hätte ich nie gedacht ...). Vielleicht würden weniger Fehler geschehen, wenn unsere Toleranz und Großzügigkeit uns und anderen gegenüber größer wären. Vielleicht gäbe es dann auch mehr Wärme in den Kontakten und Beziehungen.

Ich gehe davon aus, dass unser Umgang mit uns selbst und unser Umgang mit anderen viel miteinander zu tun haben. Sozusagen im guten und im schlechten Sinn. Es braucht Offenheit, Fehler bei sich selbst und den anderen wahrzunehmen und sie sich einzugestehen. Zunächst einmal ohne Wenn und Aber. Fehler gehören zur menschlichen Existenz. Irren ist menschlich.

Ein Beispiel. Edgar erzählt: „Ein halbes Leben lang stand ich mit dem Rücken zur Wand. Ich habe gar nichts anderes gekannt. Ich befand mich in permanenter Angst und Verteidigungsposition. Immer befürchtete ich, etwas falsch zu machen. Ich hatte gut gelernt, dass man keine Fehler machen darf. Und ich versagte immer wieder, weil der Druck zu groß wurde. Und alle würden das sehen. Schuld und Scham haben viele Jahre meines Lebens geprägt.

Als ich meine jetzige Freundin kennenlernte, war sie erstaunt, wie vieles ich sehr persönlich nahm. Wenn in der Wandergruppe, in der wir uns zum ersten Mal begegneten, jemand fragte, wo jetzt sein Rucksack wieder stecke, verteidigte ich mich. Wenn jemand seine Agenda suchte, war ich sofort zur Stelle, um zu klären, ich hätte nichts damit zu tun.

Die Gruppenmitglieder konnten mir meine Angst und meine Verteidigungsposition auf eine teils wohlwollende, teils aggressive Art spiegeln. Ich wusste, dass ich sie oft nervte. Doch sie ermutigten mich, gut auf mich zu schauen und nicht alles, was rund um mich geschah, auf mich persönlich zu beziehen. Ich lernte nach und nach, einfach da zu sein, auf mich zu schauen und nur dort zu reagieren, wo mich etwas tatsächlich betraf. Ich lernte, Fehler zu machen und dazu zu stehen. Es war ein völlig neues Gefühl. Ich wurde nicht beschimpft und bestraft, wenn ich etwas vergaß. Es durfte sein. Zum ersten Mal in meinem Leben konnte ich dank meiner Freundin und dank der Gruppenmitglieder einen freundlichen, liebenswerten Blick auf mich selbst werfen. Meine Freundin wies mich immer wieder darauf hin, dass auch ich selbst mich lieb haben müsse, weil ich sonst von ihr und anderen viel zu abhängig sei. Das hat mir eingeleuchtet."

Selbstverurteilung ist eine Form von Lieblosigkeit, die einen schwächt und einschüchtert. Oft entspricht sie bestimmten gesellschaftlichen Normen, die verinnerlicht worden sind; oder es waren Eltern und Erzieher da, die aus ihrer eigenen Not heraus nichts Besseres wussten, als immer wieder zu verurteilen: sich selbst und die anderen.

Bei der Selbstverurteilung verliert ein Mensch seine Fähigkeiten aus den Augen, sein einzigartiges Potential. Es ist da, auch wenn Fehler geschehen. Fehler zu machen und Fehler einzugestehen macht menschlich.

Fehler zu machen, das ist das eine – Fehler zu verzeihen, das ist das andere. Auch hier betrifft es wiederum uns selbst und die anderen. Wenn wir uns selbst Fehler erlauben und uns auch bei anderen entschuldigen können, dann kommt uns das selbst zugute. Es ist nicht selbstverständlich, denn es gibt Menschen, die niemals eine Entschuldigung vorbringen können. Das Eingestehen von Fehlern muss oft zuerst gelernt werden.

Es fällt uns kein Stein aus der Krone, wenn wir Nachsicht mit uns selbst haben. Und es macht die Nachsicht den Fehlern anderer gegenüber erst glaubwürdig.

Umgekehrt ist es nämlich in der Regel schwieriger: Wenn wir anderen gegenüber großzügig sind, heißt das noch lange nicht, dass wir es uns selbst gegenüber auch sind. Wohlwollen, Großzügigkeit und Liebe sind anderen gegenüber oft einfacher an den Tag zu legen als sich selbst gegenüber. Viele Fachleute in helfenden Berufen können, wie die Erfahrung zeigt, anderen Menschen oft besser helfen als sich selbst.[25]

Die Liebe zu uns selbst ist wichtig. Wir sind überzeugendere und glaubwürdigere Personen, wenn wir das, was wir anderen empfehlen und sie lehren, auch auf uns selbst anwenden. Dazu gehört, zu Fehlern zu stehen und trotzdem eine liebevolle Beziehung zu uns selbst und zu den anderen zu haben. Das ist ja auch das, was wir anderen vermitteln möchten: gerade dann liebevoll in Beziehung zu bleiben (mit uns, mit anderen), wenn Probleme auftauchen, wenn Konflikte da sind und man in Bedrängnis gerät. Dann darf man nämlich auch Fehler machen und Fehler verzeihen.

Je mehr wir uns mit anderen *vergleichen*, uns mit ihnen identifizieren, ihnen helfen wollen, umso schlechter ist es um uns selbst bestellt. Wir sind dann mit Geist und Herz bei den anderen und nicht bei uns selbst.

Vergleichen wir uns mit ihnen, so vergleichen wir die Quitte mit der Birne. Sowohl die Quitte als auch die Birne sind jedoch einzigartig. Es sind beides verschiedene Früchte, so wie wir Menschen alle voneinander verschieden und damit einzigartig sind.

Wenn wir uns mit anderen *identifizieren*, wollen wir vielleicht an ihrer Macht, an ihrem Können und ihrer Schönheit teilhaben. Wir machen uns dabei zu mehr, als wir sind. Da das, was wir in den anderen sehen und vielleicht bewundern, auch etwas mit uns selbst zu tun hat, lohnt es sich, bei uns selbst ein bisschen genauer hinzusehen. Vielleicht bringt ein liebevoller Blick auf uns selbst Dinge in und an uns zutage, die wir bisher nur an anderen, aber nicht bei uns selbst gesehen haben. Wir können uns dabei von uns selbst überraschen lassen.

Wenn wir anderen *helfen* wollen – vor allem dann, wenn sie uns gar nicht darum bitten –, erklären wir uns selbst für stärker, kompetenter, umsichtiger. Wir nehmen den anderen damit unter Umständen ihre Würde, ihr eigenes Können, ihre Souveränität weg. Wir machen vielleicht einen Fehler. Wir haben immer eine Chance, einen Fehler zu korrigieren, beispielsweise dadurch, dass wir nur nach Bedarf und in gemeinsamer Absprache und nach Vereinbarung Hilfe zur Selbsthilfe leisten und darauf verzichten, zu helfen, um uns selbst dabei besser zu fühlen.

Einen Fehler machen: Erlaube ich mir das oder nicht? In welchen Bereichen erlaube ich es mir? In welchen Bereichen verbiete ich es mir?

Gehe ich von mir selbst aus oder von den Ansprüchen anderer? Weiß ich den Unterschied zu benennen? Kann ich Beispiele anführen?

Bin ich mit meinem Umgang mit Fehlern zufrieden?

Brauche ich einen Sündenbock?

Bestrafe ich mich und andere, wenn Fehler geschehen?

Will ich an meinen Fehlergewohnheiten etwas ändern? Wenn ja: in welcher Weise?

Einen Fehler bei jemand anderem erlauben bzw. verzeihen: Mache ich das? Kann ich das? Wenn nicht: Weiß ich, weshalb nicht?

Spielen die Person, die den Fehler gemacht hat, und der Bereich, in dem er geschah, eine Rolle? Bin ich mit mir zufrieden oder möchte ich etwas verändern? In welcher Weise?

Meditieren zu: Ich tue mein Bestes, zu jedem Zeitpunkt, in jeder Situation. Ich tue mein Bestes.

Umgang mit destruktiven Gefühlen

Es ist schon einige Male auf Ärger als eines der destruktivsten Gefühle Bezug genommen worden. Die Frage ist, ob wir uns ein Leben ohne Ärger überhaupt vorstellen können. Wahrscheinlich kaum. Wohl aber ist ein *Umgang* mit dem unvermeidlichen Ärger möglich, der uns ein friedvolles Leben ermöglicht.

Dies ist wünschenswert, weil uns Ärger hilflos macht, weil wir uns schlecht fühlen, ungeliebt und zurückgestoßen. Dazu können die Angst oder die Erfahrung kommen, dass wir im Ärger die Kontrolle über uns selbst verlieren.

Ärger bietet uns gleichzeitig eine Möglichkeit, die wir zum Überleben brauchen, weil er uns physisch und gefühlsmäßig ein Signal gibt, das wir berücksichtigen wollen. Wir beschützen damit unseren innersten Kern und bewahren ihn davor, dass der Ärger uns verletzt und angreift. Ärger ist ein Signal, dass unsere Rechte verletzt, dass unsere Bedürfnisse nicht geachtet wurden, dass uns möglicherweise Unrecht widerfahren ist. Damit kann der Ärger dazu dienen, dass wir uns selbst besser kennen- und damit weiterentwickeln lernen. Wir können die anderen nicht ändern. Nur uns selbst.

Der Umgang mit Ärger lässt sich in eine Energie verwandeln, die uns hilft, die folgenden Schritte zu gehen:

- den Ärger wahrzunehmen und uns darauf zu fokussieren
- den Ärger anzuerkennen – ja, er ist da
- den Ursachen nachzuspüren (Personen, Situationen), so weit notwendig
- den Ärger als Lernchance zu erkennen; wir müssen nicht darauf sitzen bleiben
- zu entscheiden, was nun zu tun ist – uns selbst zuliebe, um innerlich frei zu werden

Ärger kann sich verkleiden und sich hinter Gefühlen der Niedergeschlagenheit, hinter Kummer, Angst, Ressentiments, Schuld und Scham verstecken. Es ist immer wieder angebracht, hinter diesen Stimmungen und Gefühlen nach verstecktem Ärger zu suchen.

Wir empfinden Ärger in einer ganz bestimmten Situation und mit einer oder mehreren bestimmten Personen. Ist er sehr intensiv, hat er oft nicht nur mit dieser Gegenwart, sondern auch mit unserer Vergangenheit zu tun. Möglicherweise haben wir von früheren Situationen und Personen her unterdrückten und verleugneten Ärger in uns, den wir noch nicht anerkannt und verarbeitet haben. So sucht sich dieser Ärger immer neue Gelegenheiten, um ans Tageslicht zu kommen und endlich wahrgenommen zu werden.

Aktueller Ärger kann uns eine Tür zu unserem bisherigen Leben öffnen und uns helfen, alte Probleme zu lösen. Als Kind waren wir vielleicht weniger fähig, Ärger zu fühlen, und wuchsen in familiären Umständen auf, in denen es nicht erlaubt war, ihn auszudrücken. Erlauben wir dem Kind in uns, sich zu erinnern und diesen früheren Ärger jetzt zu fühlen. Wurden wir als Kind wegen unseres Ärgers beschämt oder abgelehnt, so fühlen wir diese destruktiven Gefühle heute noch. Das verletzte Kind in uns braucht auch heute noch unseren Trost. Heute können wir uns versichern, dass wir es uns wert sind, zu unseren Gefühlen zu stehen.

Was mit uns geschehen ist, lässt sich nicht ändern. Es ist jedoch möglich, sich mit dieser Vergangenheit und mit den Menschen, die dazu gehören, zu versöhnen. Heute sind wir von diesen Menschen nicht mehr abhängig. Wir können sie gehen lassen. Und unseren Ärger auch. Wenn wir daran festhalten, bleiben wir in der früheren Opferrolle und wiederholen mit jedem Ärger unsere frühere Ohnmacht. Wir bleiben an die gebunden, die uns weh getan haben. Wir verletzen uns selbst immer wieder neu. Vergeben heißt, aus dem Opferstatus herauszutreten. Es bedeutet, seine eigenen Verletzungen und auch die Schwächen der anderen, die uns verletzt haben, anzuerkennen und mit uns und den anderen Frieden zu schließen. Erst dann werden wir frei für uns eigenes, unverwechselbares Leben und spüren, dass wir dafür die Verantwortung übernehmen. Niemand sonst kann dies für uns tun.

In einem südafrikanischen Therapiezimmer habe ich folgenden Satz, auf einem großen Zettel an die Wand gepinnt, gelesen: „Du kannst deinen Ärger lieben, ohne ihn zu leben."

Es ist ein Satz, den wir immer wieder neu überdenken können. Wir können ihn eventuell auch umkehren.

Es ist möglich, den Ärger zu nutzen, um mehr zu uns selbst zu finden, um lebendig und friedvoll zu werden. Wenn wir das erkannt haben, können wir den Ärger loslassen. Er hat seinen Zweck erfüllt. Selbst dann, wenn ansteht, den Ärger, den man mit einer bestimmten Person hat, mit ihr zu thematisieren, soll das erst nach der Bearbeitung des eigenen Ärgers geschehen. Dann vermag im darauf folgenden Gespräch auch klar zu werden, welche Ärgeranteile zu einem selbst und welche zum anderen gehören. Es braucht immer zwei zum Tangotanzen.

Ärger ist nur eines der vielen destruktiven Gefühle, die uns quälen können. Neid, Eifersucht, Rache, Hass sind weitere. Selbstvorwürfe und Selbstmitleid schwächen uns ebenfalls. Wie sie entstehen und verstanden werden können, können Sie in Büchern nachlesen und in Psychotherapien erfahren. Hier geht es mir um den *Umgang* mit Gefühlen, die *de-*

struktiv auf einen selbst einwirken: Sie quälen, machen schlaflos und unkonzentriert, unruhig und unglücklich, führen zu Selbstentwertung und treiben zu selbst schädigendem und süchtigem Verhalten an. Auf jeden Fall beeinflussen sie die Wahrnehmung eines Menschen.

An dieser Stelle gilt es anzusetzen. Destruktive Gefühle lassen einen Menschen sich auf etwas ganz Bestimmtes fokussieren und alles andere ausblenden, jedenfalls gefühlsmäßig. Und destruktive Gefühle, die mit anderen Menschen zu tun haben, bedeuten eine starke Bindung an diese Menschen. Unsere innere und äußere Freiheit wird dadurch massiv eingeschränkt.[26]

Der Startpunkt für den Umgang mit destruktiven Gefühlen ist meiner Erfahrung nach der Wunsch nach innerer Freiheit, nach innerem Frieden, danach, es gut mit sich selbst zu haben. Das bedeutet immer und in jedem Fall, liebevoll und wohlwollend bei sich selbst anzusetzen – und nicht bei den anderen. Das folgt allenfalls später, wenn wir das „eigene Zimmer" oder das „eigene Haus" aufgeräumt haben.

Und noch eine wichtige Bemerkung: Bei chronischen destruktiven Gefühlen und selbst schädigenden Folgeerscheinungen (Krankheit, Sucht) braucht der Betroffene fachliche Begleitung. Gewisse tief sitzende Verletzungen und Schädigungen vermögen einen Menschen zu überwältigen und sind kaum allein anzugehen. Eine Psychotherapie vermag Mut zu machen, die eigenen Beschädigungen aufzuarbeiten. Es ist eine Frage des Selbstwertes und der Selbstliebe, uns nicht zu überfordern.

Ärger ist im Leben unvermeidlich. Die Frage ist, ob und wie wir ihn ausleben, wie lange, wie oft, wie sehr zu unseren Ungunsten, zu unserem Unglück – oder aber als Lern- und Entwicklungschance. Kennen wir uns selbst in unserem Umgang mit Ärger?

Vergegenwärtigen wir uns unseren Sprachgebrauch rund um Ärger. Wie äußern wir uns über einen Ärger? Beispielsweise: Ich *musste* mich wieder ärgern. Müssen wir das? Und weshalb schon wieder? Wer zwingt uns dazu? Oder: Hans hat uns wieder geärgert bzw. ich ärgere mich über Hans. Es macht einen Unterschied in unserem Erleben, ob wir uns ärgern müssen oder wollen.

Ich erinnere an den oben erwähnten Satz: Du kannst deinen Ärger lieben, ohne ihn zu leben. Der Ärger kann ein Freund sein, der uns auf etwas aufmerksam macht. Ein Freund meint es in der Regel gut mit uns. Ärger vermag uns auf unsere Grenzen hinzuweisen. Auf etwas, das wir ändern möchten. Auf etwas, das wir ansprechen müssen. Auf eine Situation, die uns nicht gut tut. Befragen wir unseren Ärger. Dann müssen wir ihn vielleicht nicht ausleben.

Es gibt ein Kinderspiel: Schildkröte sein. Wenn die Schildkröte belästigt wird, zieht sie sich in ihre Schale zurück. Irgendwann streckt sie den Kopf wieder hinaus. Den Zeitpunkt bestimmt sie. Wenn wir uns ärgern, könnten wir die Schildkröte imitieren: Wir ziehen uns zurück, solange wir es brauchen. Und in der Geborgenheit unserer Schale nehmen wir uns die für uns notwendige Zeit, um zu überlegen, was eigentlich mit uns los ist. Was wir möchten. Was wir nicht möchten. Was wir jetzt tun oder lassen wollen. Wir klären unseren Ärger: Was hat uns aus der Fassung gebracht? Wurden unsere Rechte und unsere Grenzen verletzt? Haben wir etwas verloren? Wurden unsere Bedürfnisse, unsere Träume und unsere Fähigkeiten übergangen? Solche Klärungen brauchen eine „Schildkröte-zieht-den-Kopf-ein"-Zeit. Und wir werden uns anders fühlen, wenn wir den Kopf wieder hinausstrecken, als vorher, als wir den Kopf eingezogen haben.

Mit solchen Klärungen bestimmen wir, was wir annehmen – und was wir unter keinen Umständen dulden können. Wir übernehmen die Verantwortung für unser Leben, für unsere Entscheidungen, für unser Lassen.

Manchmal ist das Einzige, was wir tun können, einen Wandel in unserer Haltung, in unseren Einstellungen zu bewirken. Wir können immer etwas tun.

Wir können andere nicht ändern. Wir können niemanden für unseren Ärger verantwortlich machen. Die anderen sind für ihr Tun oder Nicht-Tun selbst zuständig.

Und nochmals und immer wieder: Wir können unseren Ärger lieben, ohne ihn zu leben.

Krankheit und Schmerzen

Wir leben in einer Zeit, in der Krankheit und Schmerzen, Alter und Sterben viel von ihrer Selbstverständlichkeit verloren haben. Sie gehören nicht mehr einfach zur *Condition humaine*, mit der umzugehen wir lernen müssen. Sie fallen zum Teil der Ideologie zum Opfer, dass wir fast alles in den Griff bekommen können. Damit erhalten Krankheiten verhängnisvolle moralische Konnotationen, die den kranken

Menschen zum Urheber seiner Krankheit machen und Schuld- und Schamgefühle in ihm wecken. Haben wir genug für unsere Gesundheit getan? Sind wir aufmerksam gewesen? Haben wir alles getan, um gesund und fit zu bleiben? Hätten wir diese Krankheit oder jenen Unfall vermeiden können? Sind wir für unsere Schmerzen selbst verantwortlich?

Diese Fragen stellen unser Verhältnis zu uns selbst auf die Probe. Krankheiten sind manchmal einfach Krankheiten. Wir sind nicht immer für ihr Entstehen verantwortlich, wohl aber für den Umgang damit.

Es ist eine rechte Herausforderung, eine Krankheit, einen Unfall oder andauernde Schmerzen in Liebe zu sich selbst anzunehmen; bei sich selbst und bei der Begleitung eines leidenden Menschen. Wenn das Leben einen Menschen prüft, möge er sich nicht noch selbst bestrafen und schuldig fühlen, weil er oder sie zu wenig getan hat, zu unvorsichtig, zu maßlos war.

Es fragt sich, was ein Annehmen in Liebe zu sich selbst in einer solchen schwierigen Lebensphase bedeutet. Krankheit und Schmerzen bei einem lieben Mitmenschen sind schwer zu ertragen, vor allem wenn es kaum mehr um Besserung oder Heilung, sondern um Begleitung und Linderung geht. Symptome und Leiden sind eine oft sehr schmerzhafte Art, eine Geschichte zu erzählen. Es fragt sich dann, ob wir diese unsere Geschichte oder die Geschichte eines anderen Menschen hören wollen. Ob es uns gelingt, uns in Liebe uns selbst und dem anderen Menschen zuzumuten.

Ein Beispiel. Eveline erzählt: Als mein Partner mir seine schlimme Diagnose mitteilte, fing für mich eine Zeit großer Traurigkeit an. Ich trauerte um alles das, was wir nicht mehr gemeinsam unternehmen würden, und um das, was unwiderruflich vorbei war. Indem ich diese Trauer zuließ und mir eine Begleitung darin suchte, wurde ich mehr und mehr durchlässig für das Leiden meines Partners. Nun ging es darum, ihn auf seinem schwierigen Weg zu begleiten und gleichzeitig gut für mich selbst zu sorgen. Beides war wichtig. Indem es mir immer besser gelang, auf beides zu achten, konnte ich ihm eine mitfühlende, mittragende Partnerin sein. Nicht immer. Zuweilen drohte ich in meiner Traurigkeit zu versinken. Oft stiegen auch bittere Gefühle in mir auf. Wenn ich dann wieder an seinem Bett stand, spürte ich meine Kräfte, ihn zu begleiten, in Liebe bei ihm zu sein. Wenn ich wieder heimging, kaufte ich mir gelegentlich einen Blumenstrauß, hörte meine Lieblingsmusik und versuchte, ganz bei mir zu sein. Ich begann in dieser Zeit den bitteren Wermut-Tee zu trinken, um meine Bitterkeit bewusst loszulassen.

Einen Menschen in der Krankheit und bei Schmerzen zu begleiten, ist die eine große Herausforderung. Es in Liebe tun zu wollen, vermag Kräfte zu verleihen, sich dieser Aufgabe zu stellen, ohne sich selbst dabei aufgeben zu müssen. Sich selbst aufzugeben würde bedeuten, auch für den anderen nicht mehr da sein zu können. Wenn wir das in Klarheit verstehen und annehmen, werden uns die notwendigen Lieheskräfte zufließen.

Und wenn wir selbst krank werden und/oder mit chronischen Schmerzen leben müssen?

Ein Beispiel. Leo weiß davon zu erzählen: „Ich fiel aus allen Wolken, als eines Tages bei mir dieser Krebs diagnostiziert wurde. Ich hatte seit längerem unter starken Rückenschmerzen und einer großen Müdigkeit gelitten. Schon das war eine riesige Belastung gewesen. Und nun das. Chemotherapie über Wochen. Ich hatte keine Wahl. In diesen Wochen weinten wir viel: meine Frau, unsere Kinder und ich. Ich reduzierte meine Arbeit auf das Minimum, das mir die Schmerzen und die Chemotherapie erlaubten. Auf einmal bekam jeder Tag seinen besonderen Wert und bedeutete ‚ich lebe, heute lebe ich noch'. Ich begann täglich Notizen zu meinem Befinden zu machen. Noch nie hatte ich mir selbst so viel Beachtung und Zuwendung geschenkt. Ich suchte nach Büchern, in denen ich lesen und aus denen ich lernen konnte, wie ich meine inneren Lebenskräfte zu fördern vermochte. Ich, der technisch interessierte Lokomotivführer, begann mich mit meinem Herzen und der Liebe zu befassen.

Während der Infusionen dachte ich oft, dass meine Körperzellen nun meine gesammelte Herzenskraft und meine ganze Liebe brauchten, um genesen zu können. Ich spürte, dass nicht die Schmerzen das Schwierigste waren, auch nicht die Atembeschwerden; das Schwierigste war meine Angst, was als Nächstes auf mich zukommen würde. Meine Familie stand mir wunderbar bei. Meine Frau sagte mir bei jedem Abschied: ‚Sei gut zu dir.' Ich musste mich schlimmen Prozeduren stellen, die mir eine Höllenangst einjagten.

Für den Moment darf ich aufatmen. Meine Werte sind gut. Was das Ganze für mich bedeutet? Natürlich Angst. Immer wieder Verzweiflung. Und eine große Dankbarkeit für die liebevolle Begleitung meiner Familie. Und das tiefe Bewusstsein, dass mich diese Krankheit, trotz allem, zu mir selbst geführt hat."

Es ist immer wieder anders. Jeder Mensch reagiert anders, wenn er mit den Prüfungen des Lebens konfrontiert wird. In Situationen der Krankheit und der Schmerzen braucht dieser Mensch aber vor allem eines: Angenommensein und Liebe. Und wenn er Liebe braucht: dann liebe er sich selbst.

Sich selbst lieben – nicht im verkrampften Sichfügen ins Unvermeidliche, sondern in kraftvoller Selbstliebe: auf sein Herz hören; der Sehnsucht folgen; für sein Leben kämpfen, wenn es sinnvoll erscheint; so gut wie möglich auf den eigenen Körper schauen; ablehnen, was einem nicht gut tut; wissen, was zu einem selbst und was zu anderen gehört; sich selbst Gutes tun. Niemand weiß besser als wir selbst, was wir brauchen. Niemand steht uns näher als wir selbst. Wir bitten die Liebe, uns ganz zu erfüllen, unsere Schmerzen zu lindern, unsere Wunden erträglich zu machen, uns uns selbst annehmen zu lassen, gerade jetzt, in dieser großen Prüfung.

Einladung

Vergegenwärtigen wir uns eine Situation in unserem Leben, in der wir einen uns nahe stehenden Menschen in seiner Krankheit und seinen Schmerzen begleitet haben.

Wie haben wir es damals gemacht? Woher haben wir die Kräfte genommen? Sind wir zu uns selbst in dieser Zeit gut gewesen? Wie haben wir das gemacht?

Wie würden wir es heute machen? Was würden wir gleich und was würden wir anders angehen? Pflegen und lieben wir uns selbst genug, um die Last zu tragen?

Vermögen wir uns zu vergeben, wenn wir damals überfordert waren und gern anders reagiert hätten?

Spüren wir die Kraft der Vergebung, die es uns ermöglicht, über uns selbst hinauszuwachsen?

Wenn wir unser Bestmögliches leisten, dann ist es gut. Dann sind wir uns selbst lieb.

Wenn wir schon einmal ernsthaft krank waren oder es jetzt sind; wenn uns starke Schmerzen an den Rand unserer Kräfte brachten und bringen:
Vermögen wir uns auch so anzunehmen?
Oder kämpfen wir gegen uns selbst?
Kennen wir unsere Ressourcen, unsere Stärken, unsere Möglichkeiten?
Vermögen wir andere Menschen um eine liebevolle Begleitung zu bitten?

Wenn wir uns tief in die Liebe versenken, ganz in ihr aufgehen, von ihr umhüllt und erfüllt sind: Wie fühlt sich das für uns an? Möchten wir es immer wieder versuchen?

Wir können uns die Liebe als Energie, als einen Strom vorstellen, der Liebe eine Farbe geben – und uns unaufhörlich durchströmen lassen.

Alter und Sterben

Die wohl größte Herausforderung des Lebens an uns ist es, sich selbst dem Alter und dem Sterben zu stellen. Zwar wissen wir, dass wir jederzeit krank werden können, dass wir älter und alt werden – und eines Tages sterben werden. Und doch ist es dann oft ganz anders, als wir es uns vorgestellt haben: herausfordernder, schwieriger, zumal es sich um einen unausweichlichen Prozess handelt.

Ein Beispiel. Beatrice erzählt, wie sie in ihren Schwangerschaften – als ihr Bauch immer größer wurde – in Atemnot geriet, wenn sie eine Treppe hinaufgehen musste; wie sie jeweils im neunten Monat ihre Füße nicht mehr selbst pflegen konnte und zur Fußpflege ging. Wie ihr bewusst wurde, dass das eine Lebensphase war, die vorbeigehen würde, und wie es eines Tages, im Alter, ebenso sein und dann bleiben würde.

Ein weiteres Beispiel. Jonathan lässt uns an seinem eigenen Alterungsprozess teilhaben. Er erzählt: „Im nächsten Monat werde ich fünfundsiebzig Jahre alt. Das zunehmende Gewahrwerden meiner eigenen Endlichkeit löst in mir manchmal Panik aus. Ich erinnere mich zurzeit immer wieder an die Zeit nach meiner Pensionierung vor zehn Jahren. Es war wie ein Sterben bei lebendigem Leib. Mein Telefon blieb tagelang stumm. Meine noch berufstätigen Kollegen waren so beschäftigt, dass es kaum mehr möglich war, sie zu treffen. Und wenn wir uns trafen, merkte ich, dass wir jetzt in ganz unterschiedlichen Welten lebten. Es war hart für mich, das anzunehmen, doch es blieb mir nichts anderes übrig.

Ich musste mein Leben selbst in die Hand nehmen, mich neu organisieren, anpacken, was mir nun jenseits des Berufes offen stand, neue Kontakte knüpfen und alte lebendig erhalten. Das gelang mir nach und nach recht gut. Ich hatte nun auch Zeit, auf mich zu schauen, mich zu pflegen und mir Gutes zu tun.

Nun bin ich an einer neuen Schwelle, weil meine Kräfte spürbar abnehmen. Ich habe jeden Tag Angst vor einem neuen Sturz, der mich noch mehr schwächen wird. Deshalb gehe ich mit großer Achtsamkeit durch meine Tage. Manchmal kämpfe ich mit mir selbst und spüre, dass mir das nicht gut tut. Dann beruhige ich mich und habe nur einen Wunsch: mich in den Lauf meines Lebens zu ergeben und mich mit mir und meinem Leben zu versöhnen. Ich suche Gleichgesinnte, um mich mit ihnen auszutauschen und um zu spüren, dass ich in meinem Ringen nicht allein bin. Ich habe den großen Wunsch in mir, friedlich meinem Sterben entgegenzugehen. Diesem Wunsch gehe ich jeden neuen Tag in meinen Gedanken nach und versuche herauszufinden, was das Leben heute von mir verlangt."

„Ich lebe mein Leben in wachsenden Ringen,
die sich über die Dinge ziehn.
Ich werde den letzten vielleicht nicht vollbringen,
aber versuchen will ich ihn.

Ich kreise um Gott, um den uralten Turm,
und ich kreise jahrtausendelang;
und ich weiß noch nicht: bin ich ein Falke, ein Sturm
oder ein großer Gesang."[27]

Das ganze Leben und insbesondere das Älterwerden sind ein Zeichen von wachsenden Ringen, „die sich über die Dinge ziehn". Manchmal ist es nicht mehr klar, worum wir kreisen: um unser Leben, um etwas Größeres, „um Gott, um den uralten Turm". Wenn wir ein Falke sind, kreisen wir selbstbewusst und stark, wild und ungezähmt. Wenn wir ein Sturm sind, hadern wir mit unserem Schicksal. Und wenn wir den großen Gesang verkörpern, dann stimmen wir ein in das Lied des Lebens, in Geburt und Tod, Leben und Sterben, in Gesundheit und Krankheit und in ein Kommen und Gehen aller Menschen, einschließlich unserer selbst. Wenn wir es in Liebe versuchen, immer wieder neu, dann merken wir, dass wir nur in Liebe das alles zu ertragen vermögen. Die Liebe verwandelt uns in unserem Leiden in unsere Einzigartigkeit, durch die wir zutiefst mit allem verbunden sind.

Alter bringt nicht unbedingt Weisheit mit sich. Dasselbe gilt für die Liebe. Wenn uns beides nicht einfach gegeben ist, können wir uns darin üben. „Wir Menschen sind wunderbar dafür ausgestattet, die Realität zu transformieren, um die eigene Gefühlslage zu verbessern, auch im Alter. Mit Ausnahme depressiv gestimmter Menschen können wir das alle sehr gut“, sagte Paul Baltes.[28] Es ist eine Ermutigung zur Phantasie, zur Liebesfähigkeit, zur Kunst, in das einzuwilligen, was wir nicht ändern können. Und das zu verändern, was in unseren Möglichkeiten liegt. Die Kraft, uns zu verändern, zeichnet uns Menschen aus – in Demut, denn es gibt größere Mächte, denen wir uns zu fügen haben.

„Wie ist das klein, womit wir ringen,
was mit uns ringt, wie ist das groß;
ließen wir, ähnlicher den Dingen,
uns *so* vom großen Sturm bezwingen,
wir würden weit und namenlos.

Was wir besiegen, ist das Kleine,
und der Erfolg selbst macht uns klein.
Das Ewige und Ungemeine
Will nicht von uns gebogen sein.“[29]

Einladung

Lassen wir immer wieder die Frage zu: Wer bin ich?

Wer lebt? Wer leidet? Wer hat Angst vor allem, was kommen kann? Wer hustet? Wer ringt um Atmung?
Ich bin es, die Angst hat. Ich bin die, die hustet und keucht. Ich leide.
Wer bin ich? Die achtzigjährige Frau? Oder das kleine Mädchen. Oder viele kleine Mädchen?
Bin ich vielleicht mehr als dieses Ich, diese Selbste? Mehr als die kleinen Mädchen in mir? Mehr als der Husten?

Mehr als die Atemnot? Mehr als das, was Todesangst hat?
Wer ist dieses „Ich“ hinter allen diesen Nöten und Ängsten?
Ist es mir möglich, durch diese Schmerzen hindurchzudringen zum reinen „Ich bin“?

Ich bin – mehr als alle meine Pein. Ich bin – mehr als mein Leiden, mehr als meine Angst.
Ich huste, es hustet, es ist der Husten – und ich bin mehr als mein Husten.

Was war mein Gesicht, bevor ich geboren wurde?
Was wird mein Gesicht sein, wenn ich nicht mehr auf dieser Erde leben werde?
Wer stirbt?[30]

Gehen lassen, atmen lassen, sein.

Wir konzentrieren uns auf unseren Atem und erlauben unserem Atem, selbst zu atmen.
Wir müssen unseren Atem nicht halten, nicht kontrollieren, wir können ihn einfach zulassen.
Mit jedem Atemzug, der geschieht, erleben wir die Weite unserer Achtsamkeit.
Wir vertrauen den natürlichen Wellen des Atems.
Wir vertrauen den Gefühlen, einfach zu fühlen.
Wir erlauben unseren Gedanken, uns zu durchströmen. Wir müssen sie nicht kontrollieren, sie sind – wie Luftblasen in unserer Achtsamkeit.
Augenblick für Augenblick vergeht, ein Augenblick zu sehen, ein Augenblick zu hören, ein Augenblick zu werten, zu richten, ein Augenblick zu fühlen – einer löst sich im anderen auf.

Nirgendwohin gehen, niemand zu sein, nichts zu tun – einfach sein.

Alles kommt und alles geht. Wir müssen nichts ändern, einfach gewahr sein.
Wir sind im Fluss des großen Seins, in der Weite des Seins.

Wir selbst lehren die anderen, wie sie mit uns umzugehen haben

Der Titel ist provokant. Es wäre ja zu schön, wenn wir es in der Hand hätten, zu bestimmen, wie die anderen mit uns umgehen sollen. Und doch: Bis zu einem gewissen Grad können wir die anderen tatsächlich lehren und ihnen zeigen, welchen Umgang wir uns wünschen.

Vielleicht möchten wir einfach sein dürfen, in Ruhe gelassen werden. Oder wir möchten jemanden in der Nähe haben. Wir möchten eine Hand halten. Wir möchten angenommen werden. Es ist wichtig, die eigenen Bedürfnisse zu erkennen und sie auszudrücken zu wissen. Insbesondere dann, wenn wir unsere Bedürftigkeit spüren.

Ein Beispiel. Eine Frau in den Vierzigern, Paula, erzählt, wie schlecht sie rundum behandelt werde. Dadurch fühle sie sich klein, wie ein Kind, und reagiere verängstigt oder aggressiv oder ziehe sich ganz zurück. Dann schäme sie sich und mache sich Vorwürfe. Immer dasselbe Elend, jeden Tag neu.

Paula schildert dann konkrete Situationen mit ihrer Chefin, mit ihrer Tochter, mit ihrem Vater. Die erzählten Beispiele machen klar, dass sie in Situationen, in denen sie sich angegriffen, kritisiert oder bedroht fühlt, nur zwei Reaktionsweisen zur Verfügung hat: Gegenangriff oder Verteidigung.

Die Tochter kritisiert Paula, weil sie ihre Jacke nicht findet. Wahrscheinlich hat sie sie in der Schule vergessen. Die Mutter schlägt zurück und greift die Tochter wegen ihrer Unachtsamkeit und Vergesslichkeit an. Die Tochter fühlt sich ihrerseits angegriffen und wirft der Mutter vor, schließlich habe sie, die Mutter, sie, die Tochter, in die Welt gesetzt und sei nun für sie und ihr Verhalten verantwortlich. Die Situation eskaliert zum offenen Streit. Sie schreien sich an und beide laufen davon. Paula fühlt sich ohnmächtig, unglücklich, hilflos – wie das Mädchen, das sie einmal war und immer noch ist.

Die Chefin kritisiert Paula, dass sie zu langsam arbeite. Sie verteidigt sich, dass sie nie richtig in dieses Computerprogramm eingearbeitet worden sei. Die Chefin verteidigt sich ebenfalls. Auch hier eskaliert die Situation.

Der Vater wirft Paula vor, sie gucke während der Besuche im Elternhaus ständig Fernsehen. Er habe das Gefühl, sie komme gar nicht der Eltern wegen. Sie könne doch zu Hause fernsehen. Paula entgegnet gereizt, dass das nur zweimal vorgekommen sei, dass es Ausnahmen seien und es ihn doch auch interessiert habe. Beide fühlen sich angegriffen und verteidigen sich. Auch dieses Streitgespräch endet unschön. Beide beharren darauf, dass sie im Recht sind.

Die Beispiele vermitteln den Eindruck, dass sich Paula permanent angegriffen fühlt und bei jeder sich bietenden Gelegenheit hilflos mit dem Rücken zur Wand steht. Sie kann keinen Schritt zurückgehen und die Szene zuerst einmal ruhig betrachten. In dieser ausweglosen Situation schlägt sie zurück oder verteidigt sich. In beiden Fällen gerät die Situation außer Kontrolle, und ihr Eindruck, man behandle sie rundum schlecht, bestätigt sich ein weiteres Mal.

Wenn mir jemand erzählt, sie oder er sei unfreundlich behandelt worden (vom Partner, vom Kind, von einer Freundin, beim Einkaufen), lasse ich mir die Situation und den Ablauf des Gesprächs ganz genau schildern. Ich versuche herauszufinden, mit welcher Stimmung die betreffende Person in diese Situation hineingegangen ist und was zu ihr und was zum anderen gehört. Es mag sein, dass die Unfreundlichkeit des anderen lediglich ein Echo auf die eigene Stimmung ist. So sagt der Volksmund ja auch: „Wie man in den Wald hineinruft, so schallt es heraus."

Natürlich mag das ein ärgerlicher Satz ein: Er beinhaltet aber ein Stück Wahrheit. Wenn jemand verärgert oder ungeduldig auf andere zugeht, mögen sich die anderen unter Umständen angegriffen fühlen. Außer sie merken, dass der Ärger oder die Ungeduld, die Angst oder die Scham, die sich manifestieren, nichts mit ihnen zu tun haben, sondern einen Hilferuf bedeuten. Dann ist es möglich, souverän zu reagieren.

Was zu einem selbst und was zum anderen gehört: das ist die eine entscheidende Frage. Und die andere wichtige Frage ist die nach der Grundstimmung eines Menschen, die das Verhältnis zu ihm selbst und zu den anderen prägt. Beides gehört zusammen.

Für unsere Grundstimmung sind wir als Erwachsene selbst verantwortlich. Wir sind jeden Morgen neu dafür zuständig, mit welchen Gefühlen und Einstellungen wir in den Tag gehen. Die äußeren Bedingungen, die anderen Menschen, die Situationen, machen nur einen kleinen Teil dessen aus, was wir empfinden. Wenn wir aus Erfahrung wissen, dass die Außenwelt nicht die alleinige Ursache für ein wohliges oder ein unangenehmes Gefühl sein kann, fühlen wir uns schon dadurch selbständiger, freier und unabhängiger.

Es lohnt sich, sich selbst mit Liebe, mit Wohlwollen und Mitgefühl zu begegnen. Wenn wir entspannt sind, gelingt es uns immer wieder. Wir sind dafür zuständig, in unseren Alltag immer wieder Entspannungsmomente einzubauen. Wir dürfen wählen, was uns entspannt: joggen, spazieren gehen, Musik hören, zeichnen, meditieren.

Für immer mehr Menschen ist Meditation der Weg zur Entspannung, zum Loslassen, zum Freiwerden, zum Sichselbst-Finden. Allein mit sich selbst, auf einem Kissen, einem Stuhl oder im langsamen Gehen, kann man den eigenen Gedanken und Gefühlen zuschauen. Es ist ein achtsames Zuschauen, ohne anzuhaften, ohne eingreifen zu wollen. Es ist Zeugesein dessen, was sich im eigenen Inneren abspielt. Die Gedanken und Gefühle kommen und gehen. Sie tauchen auf und verschwinden. Sie werden nicht festgehalten, sondern einfach betrachtet. Dann werden sie sich wandeln. Die Haltung ist achtsam, liebevoll und entspannt.

Wenn es uns nicht gelingt, uns selbst zuzuschauen und nicht haften zu bleiben, wenn unbedingt etwas festgehalten werden will, dann konzentrieren wir uns auf unseren Atem, ein und aus, es geschieht ganz von selbst. Halten wir beispielsweise den Ärger auf unsere Mitarbeiterin fest, so ist es, als würden wir den Atem anhalten. Versuchen Sie es; es geht nur einen Moment lang, dann müssen Sie loslassen. Das können Sie ein paarmal versuchen, um dann erleichtert zum normalen Ein- und Ausatmen zurückzukehren. Und zu merken, wie anstrengend und vergeblich das Festhalten ist. Niemand in der Welt zwingt uns dazu, den Atem, sprich: den Ärger festzuhalten. Vom Ein- und Ausatmen und dem geduldigen Betrachten unserer selbst lernen wir, Gefühle und Menschen, Dinge und Umstände, Ansichten und Meinungen kommen und gehen zu lassen. Wir lernen, nicht anzuhaften, nicht festzuhalten, sondern einfach da zu sein.[31]

Wenn es jeden Tag nur einige ruhige Minuten sind, die der Selbstwahrnehmung und dem sie begleitenden Ein- und Ausatmen gewidmet werden, kann das unsere Grundstimmung günstig beeinflussen.

In der Selbstwahrnehmung erkennen wir unsere eigenen Gedanken und Gefühle. Und im nächsten turbulenten Moment sind wir uns ihrer bewusst und können unterscheiden, was zu uns und was zur anderen Person gehört. Für das, was zum anderen gehört, ist dieser andere Mensch zuständig, nicht wir. Darum zu wissen, lässt uns entspannt sein.

Vergegenwärtigen wir uns das an Paula (im obigen Beispiel), die durch geduldige Selbstwahrnehmung, durch bewusstes Ein- und Ausatmen, Festhalten und Loslassen eine Grundstimmung erworben hat, in der sie liebevoll an sich selbst und an andere glaubt.

So verändert sich daraufhin Paulas Erleben derselben Situation.

Die Tochter kritisiert ihre Mutter Paula, weil sie ihre Jacke nicht findet: Paula weiß um die zeitweilige Nachlässigkeit und Vergesslichkeit ihrer Tochter. Die Tochter weiß es aus Erfahrung auch, doch sie braucht in diesem ärgerlichen Moment einen Sündenbock. Paula ermutigt ihre Tochter, ruhig zu überlegen, wo sie ihre Jacke das letzte Mal gesehen und was sie seither unternommen hat. Wenn alle Zuwendung nichts fruchtet, lässt sie ihre Tochter bis zum nächsten Tag selbst eine Lösung überlegen, die sie der Mutter unterbreiten soll. Paula macht sich ihren eigenen Anteil und jenen ihrer Tochter immer wieder bewusst, wenn es

Streit gibt. Sie möchte der Tochter ihre Verantwortung in Liebe übergeben.

Die Chefin kritisiert Paula, weil sie angeblich zu langsam arbeitet: Paula hält inne, um zu überlegen, ob sie diese Einschätzung teilt. Sie merkt, dass sie bei der Einführung des neuen Computerprogramms zu wenig nachgefragt hat und nun deswegen Schwierigkeiten hat. Sie schildert der Chefin ihr Problem und weist darauf hin, dass sie immer noch daran sei, neue Elemente des Programms zu lernen. Sie brauche diese Zeit. Es sei ihr nicht möglich, zurzeit ihr Tempo zu beschleunigen, doch sie tue ihr Bestes.

Der Vater wirft Paula vor, sie gucke während ihrer Besuche im Elternhaus ständig Fernsehen: Paula weist ruhig darauf hin, dass das am Tag x und am Tag y der Fall war, doch das seien Ausnahmen gewesen, die sich nicht wiederholen müssten. Sie wisse, dass ihre Eltern es gern haben, dass sie sich bei ihren Besuchen ihnen widme. Sie tue ihr Bestes, um ihre und die Bedürfnisse der Eltern aufeinander abzustimmen.

Eine liebevolle, mitfühlende Grundstimmung vermag viele brenzlige Alltagssituationen zu entschärfen. Sie bestimmt die Qualität der menschlichen Kontakte grundlegend. Weder werden Sündenböcke gesucht noch Verantwortungen verärgert hin und her geschoben. Die eigene Situation wird erklärt und damit dem anderen Spielraum gelassen.

Der Hinweis darauf, dass man selbst das Bestmögliche tue, weist auf die Wertschätzung sich selbst gegenüber hin. Das vermag ansteckend zu wirken. Wenn alle ihr Bestes tun, kann das Gespräch weitergehen. Zu beachten ist der feine Unterschied zwischen dem Bestmöglichen und dem Gutgemeinten. Das Gutgemeinte ist, wie bereits ausgeführt, das Allerschlimmste, weil es von meist wenig bewussten Erwartungen erfüllt ist.

Hier möchte ich dazu einladen, die eigene Grundstimmung kennen zu lernen. Dazu mögen die folgenden Fragen hilfreich sein:

Warum stehe ich morgens auf und mit welcher Stimmung stehe ich in der Regel auf?

Wie verändert sich meine Stimmung im Laufe des Tages?

Zu welcher Tageszeit ist meine Stimmung am besten, am schlechtesten? Kenne ich die Gründe?

Kenne ich meine Stimmungsdämpfer?

Als wie abhängig erlebe ich mich von äußeren Situationen?

Kenne ich bei mir eine Grundstimmung?
Kann ich sie beschreiben? Wie wohl ist mir dabei?

Fühle ich mich wirklich für meine Grundstimmung verantwortlich?
Was tue ich dafür, mit einer guten Gestimmtheit durch einen Tag zu gehen?

Kenne ich meine Bedürfnisse? Kann ich sie mitteilen?

Es empfiehlt sich, ein Tagebuch zu führen und in regelmäßigen Abständen innezuhalten, es durchzulesen und die obigen Fragen durchzugehen. Es mag genügen, sich mit einer einzigen Frage einige Wochen lang zu beschäftigen.

Beispielsweise lohnt es sich, über Wochen die Stimmungsdämpfer zu beobachten. Sind es bestimmte Personen, sind es bestimmte Situationen, bei und in denen ich immer wieder Erwartungen habe, die zu Enttäuschungen führen? Gelingt es bestimmten Menschen, dass ich mich immer wieder kritisiert, angegriffen oder beleidigt fühle? Fühle ich mich in der Lage, mich besser zu schützen?

Kenne ich mich selbst? Und schenke ich mir die Geduld, die ich brauche, um mich jeden Tag ein bisschen besser kennenzulernen?

Erst dann, wenn wir gut auf uns selbst schauen, dürfen wir anderen mitteilen, was wir von ihnen gern hätten. Wir dürfen uns etwas von ihnen wünschen und wir wissen, dass nicht alle Wünsche dazu da sind, in Erfüllung zu gehen.

Unsere Verantwortung für uns selbst nehmen wir in Liebe wahr.

Wenn wir uns mit anderen vergleichen

Das Märchen von Schneewittchen bringt uns gleich zu Beginn eine klassische Situation des Vergleichens. Die stolze Königin befragt täglich ihren Spiegel:

> „Spieglein, Spieglein an der Wand,
> Wer ist die Schönste im ganzen Land?"

Solange der Spiegel sie in ihrer Rolle der „Schönsten im Land" bestätigt, ist ihre Welt in Ordnung. Doch sie gerät aus den Fugen, als der Spiegel antwortet:

> „Frau Königin, Ihr seid die Schönste hier,
> aber Schneewittchen ist tausendmal schöner als Ihr."

Da wird die Königin „gelb und grün vor Neid" und sie hasst und verfolgt ihre Rivalin. Das Unheil nimmt seinen Lauf. Da Neid als verdammenswertes Gefühl gilt, das bestraft werden muss, stirbt die Königin am Schluss des Märchens einen grausamen Tod. Sie muss in rot glühenden Schuhen so lange tanzen, bis sie tot zu Boden fällt. Ihr feuriger Neid vernichtet sie.[32]

Wenn wir uns mit anderen Menschen vergleichen, möchten wir uns bestätigen; in unserer Schönheit oder eben darin, dass wir ganz und gar nicht schön oder klug oder gut sind.

Ein Beispiel. Beata, eine junge, schöne und schlanke Frau erzählt, wie sie sich morgens vor dem Spiegel für den Tag bereit macht. Sie hat viel an sich selbst auszusetzen. Ihre Nase, ihre Haare und ihre Figur sind nicht so, wie sie es sich wünschen würde. Hin und wieder gelingt es ihr, sich ganz akzeptabel zu finden. Doch so bald sie das Haus verlasse, im Zug sitze und die anderen Frauen betrachte, fühle sie sich schrecklich, innerlich völlig leer und möchte sich am liebsten verstecken. Sie könne einfach nicht vor den anderen bestehen. Sie leide entsetzlich dabei und halte es nicht mehr aus, mit diesem vernichtenden Gefühl zu leben.

Beata hat Mühe, sich selbst so zu akzeptieren, wie sie ist. Ihr Selbstwert ist schwach. Sie macht ihn an ihrem Äußeren fest, das stellvertretend für die Frage steht, was sie mit sich selbst und ihrem Leben macht. In guten Momenten gelingt es ihr, sich so anzunehmen, wie sie aussieht. Sie macht ihr Bestes daraus. Doch kaum setzt sie sich außerhalb ihres Hauses Vergleichen aus, bricht das schwache Selbstwertgefühl zusammen. „Es" geschieht mit ihr, dass sie im Vergleich mit anderen schlecht wegkommt, ohne eine Möglichkeit zu spüren, dies zu verändern. Sie sucht Hilfe, weil sie es mit sich selbst nicht mehr aushält. Sie kann schon vor sich selbst nicht bestehen, geschweige denn vor anderen. Dabei ist sie eine junge, schöne und schlanke Frau.

Vielleicht musste Beata mit einer noch schöneren Schwester oder Mutter konkurrieren und sie musste für ihr Aussehen kämpfen, um von den Eltern geliebt zu werden. Möglicherweise hat ihr noch nie ein Mensch das Gefühl vermittelt, dass sie grundsätzlich akzeptiert und geliebt wird – so wie sie ist und wie sie aussieht. Sie fühlt sich nicht wertvoll, nicht liebenswert, nicht fraglos okay. Zutiefst spürt sie, dass ihr das Gefühl, okay zu sein, niemand anders geben kann. Sie muss es sich selbst geben können.

Unser Selbstwert ist nichts Feststehendes, sondern will immer wieder neu definiert werden. Viele Erfahrungen in unserem Leben gefährden unser Selbstwertgefühl. Sie vermögen es aber auch zu stärken. Oft bleiben wir im Alltag hinter unseren eigenen Erwartungen zurück und schaffen nicht das, was wir möchten. Dann wird es notwendig, unser Selbstkonzept den realen Möglichkeiten anzupassen. Der Vergleich mit anderen stellt uns selbst in Frage, wenn wir uns unseres Wertes und unserer Möglichkeiten nicht genügend bewusst sind.

Sich zu vergleichen lockt oft Neidgefühle auf den Plan. Bei gutem Selbstwert sind es stimulierende Neidgefühle, die uns ermutigen und anspornen. Das können wir auch! Bei schlechtem Selbstwert können es nagende, quälende Neidgefühle sein, die noch den letzten Rest an Selbstwert zerstören und uns im schlechten Gefühl zurücklassen, dass alle anderen besser und schöner und klüger sind als wir selbst. Der Neid kann sich auch hinter unerklärlichen Stimmungseinbrüchen verstecken, hinter aggressiven Gefühlen anderen gegenüber, hinter Missgunst, Rache und Wut. Wir sind aus unserer Selbstwertbalance geraten und fühlen uns hilflos und wertlos.

Selbstmitleid kann ebenfalls aus dem Vergleich mit anderen resultieren. Es enthält den Vorwurf, dass es das Leben nicht gut mit einem gemeint hat. Dass andere es besser haben. Auch das ist eine Möglichkeit, sich selbst zu schwächen.

Gefühle von Neid und Selbstmitleid geben uns den Hinweis darauf, dass wir uns, statt ständig auf andere zu schauen und uns mit ihnen zu vergleichen, unserer eigenen Person zuwenden, an uns selbst und an unsere unbestrittene Einzigartigkeit glauben sollten. Niemand kann das für uns tun. Wenn wir uns in chronischem Vergleichen, in Neid und Selbstmitleid oder Rachegefühlen gefangen fühlen, dann ist es sinnvoll, sich eine kompetente therapeutische Begleitung zu suchen. Manchmal wirken verletzende und immer noch gefangen nehmende Erlebnisse störend und wollen zuerst verarbeitet werden, bevor der Weg offen ist für eine Begleitung, die einen ermutigen kann, sich liebevoll sich selbst zuzuwenden.

Einladung

Uns mit anderen vergleichen: Kennen wir das? Vielleicht erinnern wir uns an mindestens drei solche Situationen in unserem Leben, die uns geprägt haben. Sie mögen in der Kindheit oder Jugend liegen, eben erst vorgekommen oder jetzt präsent sein.

Wir versuchen uns diese Situationen im Detail zu vergegenwärtigen. Welche Person/en haben in uns Neid geweckt? Wie sind wir damit umgegangen?

Diese Fragen mögen uns zuwider sein. Dann lohnt es sich erst recht, in einem guten Moment etwas genauer hinzuschauen.

Konstruktiver Neid spornt an. Kennen wir das? Mit welchen Menschen und Situationen hat er zu tun?

Destruktiver Neid schwächt. Kennen wir das? Woher kennen wir den verzehrenden Neid? Hat der destruktive Neid mit bestimmten Menschen und mit gewissen Situationen zu tun?

Das Sichvergleichen im Erwachsenenalter hat seine Wurzeln oft in der Kindheit. Geschwister vergleichen sich miteinander. Eltern vergleichen sich mit ihren Kindern. Kinder vergleichen sich mit ihren Eltern. Überall lauert Neid, dass es die anderen besser haben. Dabei geht es doch darum, immer mehr sich selbst zu werden.

Vergegenwärtigen wir uns einige Schlüsselsituationen in unserem bisherigen Leben.

Kennen wir Selbstmitleid? In welchen Situationen bemitleiden wir uns selbst? Wie gehen wir mit Selbstmitleid um?

Vermögen wir uns in Liebe anzunehmen? Immer wieder?

Sich selbst werden

Wer bin ich? Ich möchte den Weg zu mir selbst finden, ich selbst werden. Mit diesen Anliegen beschäftigen sich fast alle Menschen. Sie suchen selbst eine Antwort; in ihrem täglichen Erleben, mit ihrem Tagebuch, im Gespräch mit Freunden und Freundinnen, in Kursen, in einer Therapie. Es ist eine zentrale Frage, wer wir sind; verknüpft mit dem Wunsch, man selbst zu sein, authentisch, unverwechselbar, echt.

Wir stellen uns diesem Anliegen immer wieder neu, weil wir in steter Veränderung begriffen sind. Wir sind jeden Tag auch ein bisschen neu. Das zu erkennen ist für viele Menschen schwierig. „Ich bin eben so", „ich war immer schon so" bekomme ich oft zu hören. Ich versuche dann zu verstehen, weshalb ein Mensch sich als „immer gleich" erlebt, obwohl sich jeden Tag neue Dinge ereignen. Es scheint dann so zu sein, dass ein Mensch jede neue Erfahrung mit einem alten Raster, mit immer denselben Gefühlen auf seinem Lebenskonto verbucht. Das Offenwerden für „jetzt gerade mache ich eine neue Erfahrung" ist nicht gegeben.

Dann gibt es auch keinen Raum für eine neue Antwort, eine andere Erlebensweise.

Ich nenne dazu das Stichwort „Altlasten". Altlasten sind unbewältigte Erfahrungen von früher: Jemand ist nicht wahrgenommen worden, immer wieder verletzt und beleidigt worden. Diese schmerzhaften Erfahrungen sitzen tief. Vor allem lauern sie bei jeder neuen Erfahrung; es könnte ja wieder das Altbekannte geschehen.

Im obigen Abschnitt ist Beata erwähnt worden. Sie weiß heute um ihre Altlasten, um ihre Defizite, die ihr immer wieder einen verhängnisvollen Streich spielen. Sie machen sie abhängig von anderen, im Guten wie im Schlechten. Meistens erlebt sie Letzteres. Sie vergleicht sich und möchte dann verschwinden, weil sie das Gefühl hat, nicht bestehen zu können.

Eltern, Erzieher und Lehrer machen ihre Sache so gut, wie sie es aus ihrer Sicht vermögen. Das ist oft nicht gut genug für ein Kind. Und doch: Niemand kann uns zwingen, uns die früheren, einschränkenden und vernichtenden Sätze lebenslang zu merken und die Ermutigungen und Ermunterungen beiseite zu stellen. Wenn ich eine Beata vor mir habe, ihre Sensibilität, ihr Sosein spüre, dann frage ich nach den ermutigenden Sätzen, die sie sicherlich früher auch gehört habe. Selten ist etwas einfach nur schlecht. Nur erinnern wir uns besser an das, was uns uns schlecht fühlen ließ. Das hat auch mit uns selbst zu tun. Beata ist nicht nur das Opfer der anderen, sondern auch das Opfer ihres Denkens, ihres Rasters von bestimmten Überzeugungen.[33]

Es ist schmerzhaft, sich negativer Botschaften bewusst zu werden. Sie kommen meist von anderen und beginnen oft mit dem Wort „Du": „Du bist eben nicht so klug wie deine

Schwester." Positive Botschaften beginnen mit „Ich": „Ich bin so, wie ich bin, und es ist gut so." Es ist möglich, Ich-Sätze auszusprechen, die uns dorthin bringen, wo wir hinmöchten, dorthin, wo wir uns selbst achten, respektieren und liebevoll behandeln. Wer sonst soll es denn tun?

Ein Beispiel. Babette erzählt: „Ich liebe meinen Mann. Und ich leide unter meinem Mann. Manchmal weiß ich nicht mehr, was stärker ist. Als er vor einigen Tagen wieder alle seine beruflichen Sorgen vor mir ausgeschüttet und in seiner Verzweiflung auch mich angegriffen hat, bin ich wütend geworden und habe ihn anschreien müssen. Ich habe ihm gesagt, dass ich es müde bin, seine Sorgen aufzufangen und Zielscheibe seiner Aggressionen zu sein. Ich gehe mir selbst dabei verloren. Ich fühle mich zu kurz gekommen, ich habe Selbstmitleid, gepaart mit Wut, auf ihn, auf mich.

Als die Wut langsam nachließ, spürte ich nur noch Enttäuschung. Dann Trauer. Und ich fragte mich: Muss ich seine Sorgen denn immer wieder auffangen, Zielscheibe sein? Nein, ich muss das alles nicht. Wenn ich ganz bei mir bin, dann kann ich mitfühlend sein. Das ist genug.

Dann spüre ich meinen unverletzlichen Teil, meinen Wesenskern. Den verletzten und verletzlichen Teil spüre ich auch. Es ist das verletzte Kind in mir, das sich im Gefühlswirrwarr nicht zu helfen weiß. Dieses Kind will ich immer wieder umarmen, es trösten, ihm sagen, dass ich erwachsen geworden bin und für es Sorge tragen kann. Die Erwachsene in mir weiß, dass sie diesen Mann ausgewählt hat und dass sie ihn liebt. Auch er trägt sein verletztes Kind in sich. Das ist die Basis meines Mitgefühls. Als ich dies am Morgen danach erkannte, hatte ich mich wieder gefunden. Das war ich, das bin ich, in Liebe und Mitgefühl. – Es hat wieder Rückfälle gegeben, natürlich, aber mein Grundgefühl hat sich zum Guten hin entwickelt."

Jeder Mensch ist einzigartig in seinem Erleben. Es ist ein Wissen um die Stärken und Schwächen und ein wohlwollender Umgang mit ihnen. Jede Person ist selbst ihr Werkzeug in allem, was sie erlebt, denkt und tut. Sie ist der Hammer, mit dem sie die Nägel einschlägt. Sie ist der Schraubenzieher, der Schrauben ein- und ausschraubt. Sie ist der Hobel, der Späne produziert, und das Schmirgelpapier, das Flächen glättet. Jeder Mensch ist sein eigener Werkzeugkasten. Es lohnt sich, einige Werkzeuge zur Verfügung zu haben und sie anwenden zu können – im äußeren Haushalt wie auch im inneren.

Einladung

Wer bin ich?

Ich lade mich dazu ein, jeden Tag in ein kleines Notizheft einen Gedanken oder ein Gefühl zur Frage „Wer bin ich?" zu notieren.

Nach einer ersten, zweiten, dritten Woche können die Einträge gesichtet werden. Sind es vor allem Gedanken? Sind es Gefühle? Betreffen sie die Gegenwart oder haften sie in der Vergangenheit? Wie fühle ich mich, wenn ich Einträge mache und die Einträge durchlese?

Welche Situationen bringen mich dazu, mich selbst zu verlieren?

Habe ich die Ressourcen, Möglichkeiten, die Werkzeuge, um mich wieder zu finden?

Vielleicht mag ich mir einen Werkzeugkasten zum eigenen Gebrauch anlegen.

Wenn die Vergangenheit mit ihren Altlasten – die verletzten inneren Selbste, die inneren Kinder – schmerzen, mag es sich lohnen, zu spüren, wie wir selbst einen Schritt auf uns selbst zugehen können. Die inneren Kinder, die sich in schwierigen Situationen melden, sind immer bedürftig und brauchen Trost und Zuwendung. Wenn wir sie annehmen und umarmen können, finden wir den Weg zu unserem Kern. Dann können wir uns als erwachsene Person auch annehmen, in Liebe. Wenn wir es allein nicht wagen, dann suchen wir uns eine Unterstützung.

Gönnen wir uns Innehalten und Stille. Das innerste Gefühl über uns selbst ist mit einem Innehalten in Stille verbunden. Wenn wir sie vorläufig noch nicht aushalten – oder nur einige Minuten lange –, seien wir geduldig, liebevoll und zuversichtlich, dass wir die Stille mit uns selbst eines Tages spüren werden. Stille öffnet unseren inneren Raum.

Die Blumen auf dem Feld, die Bäume im Wald, die Pflanzen am Wegrand: Sie sind einfach da, in Selbstverständlichkeit, in Stille. Wenn wir sie betrachten, neben ihnen sitzen, uns mit ihnen verbinden, dann vermögen wir im Innehalten, im Verweilen Stille zu fühlen und darin ruhig zu werden. Dann kommen wir in unserer Gegenwart, im Jetzt, an. Jeder Tag ist unser ganzes Leben. Alles ist darin vorhanden oder zumindest potentiell schon da – so wie in einem Getreidekorn bereits das Getreide potentiell vorhanden ist.

Versöhnung mit sich selbst

Wirklich real ist nur die Gegenwart, ist nur der jetzige Augenblick. Schön, wenn wir die Gegenwart in ihrer Fülle erleben können. Möglicherweise befinden wir uns in einer schwierigen Lebenssituation: Wir sind arbeitslos; wir haben eine Beziehungskrise, wir hadern mit uns und der Welt. Dann ist es nicht einfach, die Gegenwart zu bejahen. Wir können jedoch unsere Einstellungen und Gedanken gegenüber der jetzigen Situation bejahen und damit auch ändern.

Wir lösen uns durch Vergebung und Versöhnung innerlich von der Vergangenheit oder von einer schwierigen Gegenwart; wir steigen aus dem Kreislauf von Schmerz, Wut und Vorwürfen aus. Wir befreien uns, auch von unserer phantasierten Zukunft. Es ist nie zu spät, daran zu glauben, dass Leiden, Schuld und Trotz, Angst und Ärger aufgelöst werden und sich in eine versöhnliche Haltung uns selbst und dem Leben gegenüber verwandeln können.[34]

Uns selbst zu bejahen und zu akzeptieren betrifft uns als ganze Menschen mit unseren Stärken und Schwächen, unseren Erfolgen und Misserfolgen, unseren Idealen und Wünschen, Ängsten und Nöten, Schönheiten und Unvollkommenheiten, Ambivalenzen und Spannungen. Das ist unser gegenwärtiges Sein. Erst wenn wir uns selbst akzeptieren, haben wir die Möglichkeit, uns zu entfalten und zu entwickeln. Dann mögen wir uns öffnen, dann trauen wir uns selbst. Wenn wir immer wieder Frieden mit uns selbst schließen, werden wir uns weniger ärgern und werden wir weniger Angst haben. Wir glauben an uns selbst, uns selbst zuliebe.[35]

Ein Beispiel. Bettina ist unzufrieden und unglücklich. Das Leben bietet ihr nicht das, was sie sich wünscht. Sie hat keinen Partner. Im Beruf als Lehrerin hat sie den Eindruck, mehr zu geben, als sie zurückerhält. Die Balance stimmt nirgends, weder mit ihren Eltern und Geschwistern noch mit ihren Kollegen oder mit ihren Schülern. Sie vertieft sich in einem Naikan-Kurs in die Fragen, welche Unterstützung sie von anderen Menschen erhalten hat, um an ihren heutigen Ort im Leben zu gelangen; was sie in ihrem bisherigen Leben anderen Menschen an Unterstützung hat zukommen lassen; welche Probleme und Schwierigkeiten sie anderen bereitet hat, um dahin zu gelangen, wo sie heute ist.[36]

Bettina realisiert, dass sie von Eltern, Lehrern und Freunden viel Unterstützung erhalten hat, um an ihren heutigen Ort zu gelangen. Es beschämt sie. Es wird ihr bewusst, dass sie ihren Weg ziemlich egoistisch gegangen ist und kaum andere Menschen unterstützt hat. Mit ihren ständigen Ansprüchen und Klagen hat sie vermutlich vielen Menschen rund um sich herum Schwierigkeiten bereitet, kaum je Anerkennung und Dankbarkeit geäußert. Vielleicht hat sie deshalb wenig Freundinnen und keinen Partner. Sie hat immer sehr viel von den anderen erwartet und in einer Illusion von Unabhängigkeit gelebt. Nun merkt sie, wie abhängig sie in ihrem Leben und in ihrer Arbeit immer war und noch ist. Freundlicher formuliert: wie verbunden sie mit anderen ist und dass sie das nun auch schätzen kann. Dass ein Geben und Nehmen in Balance kommt, wird zu ihrer täglichen Herausforderung. Die Entwicklung von Wertschätzung, Mitgefühl und Dankbarkeit für alle Menschen, die ihr seit ihrer Kindheit bis heute begegnet sind, fördern ihre Versöhnung mit ihrem Leben, mit sich selbst.

Wenn wir wissen, was zu uns und was zu den anderen gehört; was wir selbst zu bearbeiten haben und was wir getrost den anderen überlassen können, dann werden wir mit der Zeit die innere Verwandtschaft mit allen Dingen, mit allen Menschen fühlen. Wir sind ein Teil des Ganzen. Die Welt fängt an zu singen und zu klingen. In allem begegnen wir dem Lebendigen – in uns selbst und in allem, was uns umgibt und begegnet.

Versöhnung ist eine Angelegenheit der Einsicht, der Dankbarkeit und der Herzenskraft. Es geht um Einlenken ins Gegebene und um Loslassen. Der Versöhnung mit uns selbst geht immer eine Zeit des Schmerzes und der Trauer über das, was nicht oder noch nicht ist, voraus. In der Trauer würdigen und anerkennen wir unser Leid und unseren Schmerz, unsere Rache- und Vergeltungswünsche, unser Hadern und unseren Hass. Im Fühlen des Schmerzes erleben wir Verbundenheit und Mitgefühl. Wir vermögen zu vergeben und uns zu versöhnen.

So wie das Herz zu uns reden kann – indem es schmerzt, bricht, hüpft und überfließt –, so können wir mit dem Herzen reden. Das Herz kann zu einem inneren Dialogpartner werden, der in schwierigen Situationen und bei wichtigen Entscheidungen hilft, unsere ureigene Lösung zu finden. Der Dialog mit dem Herzen ist eine Variante des Dialogs mit dem inneren Kind oder der inneren Weisheit. Dankbarkeit, Mitgefühl und Versöhnung sind Herzensqualitäten, die einen hellen und freien Geist voraussetzen. Sich mit sich selbst zu versöhnen bedeutet, für das Gegenwärtige frei zu werden. Jeden Tag neu.

Einladung

Erst wenn wir uns annehmen, können wir uns verändern. Solange wir in Kritik und Kampf mit uns selbst verharren, brauchen wir unsere Energie für diesen Kampf. Deshalb ist der wohlwollende und liebevolle Blick auf uns selbst so wichtig. Wenn wir uns selbst annehmen, uns mit unserem Leben und uns selbst versöhnen, können wir die frei gewordene Energie für uns selbst nutzen.

Meditationen zu den Themen:

Ich bejahe mich.
Ich vertraue mir.
Ich schließe mit mir Frieden.
Ich glaube an mich.

Durch die Vertiefung in die oben erwähnten Fragen können wir uns in Dankbarkeit und Versöhnlichkeit üben:

Welche Unterstützung habe ich von anderen Menschen erhalten, um an meinen heutigen Ort im Leben zu gelangen?

Was habe ich anderen Menschen in meinem bisherigen Leben an Unterstützung zukommen lassen?

Welche Probleme und Schwierigkeiten habe ich anderen bereitet, um dahin zu gelangen, wo ich heute bin?

Das Herz sagt immer ja. Wir sagen ja zum heutigen Tag. Zu uns. Wir sagen ja zu unseren Gefühlen und Gedanken gegenüber der jetzigen Lebenssituation.

Wir üben uns in Mitgefühl mit uns selbst, mit anderen.

Wir erweitern unser Mitgefühl und fühlen uns mit jedem einzelnen Menschen verbunden, der der Versöhnung bedarf und der Versöhnung leistet. Wir können alle voneinander Versöhnung lernen. Jeden Tag ein bisschen.

IV

Einladung zur Selbstliebe

Der Weg zur Selbstliebe beginnt immer wieder mit dem Umgang mit Stolpersteinen, die es uns schwierig machen, uns anzunehmen und zu mögen. Sie sind unvermeidlich. Es gilt immer wieder den Frieden im Unfrieden zu suchen. Das Glück im Unglück. In unserer Kultur gibt es eine dualistische Tendenz, die uns in sich ausschließenden Gegensätzen denken lässt: entweder – oder. Entweder bin ich glücklich oder ich bin traurig, entweder liebe ich mich selbst oder ich lehne mich ab. Entweder er oder ich, entweder sie oder ich.

In der heutigen Glücks- und Wellnesswelle darf es nichts Dunkles, nichts Schweres geben. Es wird suggeriert, dass man mit gutem Willen das Dunkle wegstecken und glücklich werden kann. So ist es eben nicht. Das Dunkle gehört zu uns, so wie die Nacht zum Tag gehört. Tag und Nacht sind eins. Freude und Leiden sind eins. Leben und Sterben ebenfalls.

Die dualistische Tendenz ist nicht neu. Sie gehört auch zur christlich-puritanischen Erziehung, die noch einige von uns erlitten haben mögen. Der Leib wird als Feind wahrgenommen und gehört ebenso in den Bereich der Sünde wie alle Arten von negativen Gefühlen: Ärger, Zorn, Unfriede, Hass. Dem stehen die christlichen Tugenden von Liebe und Freundlichkeit, Sanftmut und Keuschheit gegenüber. Zu einem dualistischen Verständnis des Menschen gehören Unterdrückung, Verdrängung und Abspaltung der schlechten und sündigen Seite. Das geht nur mit Kontrolle und Beherrschung, verbunden mit Schuldgefühlen, weil „es" eben nicht geht.

Die Integration der Gegensätze findet im Sowohl-als-auch statt. Ein Leben ohne negative Gefühlsäußerungen ist nicht möglich. Aggressionen sind nicht einfach vom Teufel, sondern sie sind eine wertvolle Lebenskraft, wenn wir beispielsweise Unrecht begegnen und etwas dagegen tun möchten. Ich darf auf meinen Partner wütend und doch in der liebenden Beziehung sein. Trauer kann leicht sein, sie ist nicht immer schwer. Dann wird es auch möglich, Freude in der Trauer zu suchen und zu finden.

Aufhören, sich für Schritte zu entschuldigen, die man nicht tut

Gelegentlich empfinde ich unsere Kultur als eine leidige Entschuldigungskultur. Man kommt zu spät, man hat etwas vergessen, man hat etwas verloren, etwas verlegt, das nicht einem selbst gehört, und so weiter und so fort. Man entschuldigt sich und meint, damit sei es nun in Ordnung, das Gleichgewicht sei wieder hergestellt. Ist es das wirklich? Manchmal ärgere ich mich über eine Entschuldigung und denke, diese Person wäre lieber etwas achtsamer gewesen, dann müsste sie sich nicht entschuldigen – und ich hätte beispielsweise nicht vergeblich gewartet. Manchmal bin ich es leid, mich vor mir selbst zu entschuldigen für etwas, das ich wiederum nicht getan habe. Zeugt das eine wie das andere von Selbst- und von Nächstenliebe?

Irren ist menschlich. Vergessen ist menschlich. Unachtsamkeit ist menschlich. Fehlleistungen sind menschlich. Und das Menschliche zeigt sich eben darin, dass in uns neben den bewussten auch unbewusste Kräfte wirken, die uns immer wieder ein Schnippchen schlagen können. Dann geraten wir möglicherweise in Schuld bei jemandem und sind froh, dass wir uns entschuldigen bzw. ent-schulden können. Mein Plädoyer für Großzügigkeit geht von den menschlichen, allzu menschlichen Unzulänglichkeiten aus, die halt geschehen, wenn wir nicht in jedem Moment achtsam sind. Selbst wenn wir uns um Achtsamkeit bemühen, wirken in uns unbewusste Kräfte, die unsere Achtsamkeit unterlaufen können. Im besten Fall machen sie uns neugierig darauf, weshalb wir jetzt zu spät kamen oder etwas verloren haben.

Fehlleistungen aller Art (etwas vergessen, etwas verlieren, im unpassenden Moment lachen, etwas verlegen und nicht mehr finden) sind eine Fundgrube für Menschen, die sich selbst mögen und die sich besser kennenlernen möchten. Wenn wir das erkennen, werden wir großzügig, uns selbst gegenüber und anderen gegenüber. Entschuldigungen werden dadurch leichter und sind von Mitgefühl sich selbst und anderen gegenüber erfüllt.

Viele Menschen tragen täglich Erledigungs- bzw. Pflichtenlisten mit sich herum: Sie sollten heute das und das und das unbedingt tun. Es wird Abend, und dies und jenes ist eben noch nicht getan. Ein dringender Anruf wird auf den nächsten Tag verschoben. Das Elend beginnt am nächsten Tag von Neuem.

Aufzuhören, sich für Schritte zu entschuldigen, die man nicht getan hat oder die man nicht tut: Was bedeutet das?

Es muss ja bewusste oder unbewusste Gründe dafür geben, dass wir einen dringenden Anruf immer wieder verschieben. Das Wichtigste kann dann sein, uns bewusst zu werden, was uns diesen Anruf aufschieben lässt. Wir haben beispielsweise Angst vor der Reaktion des anderen Menschen. Wir fühlen uns schuldig. Wir haben schlechte Gefühle dieser Person gegenüber. Die Erkenntnis der eigenen Befindlichkeit ist wichtig: Sei es Angst, Unlust oder eine andere Hemmung; sei es, dass wir uns selbst noch nicht im Klaren darüber sind, was wir mitteilen wollen. Es ist oft wichtiger, zu erkennen, weshalb wir einen Schritt nicht tun, als ihn aus einem Pflichtbewusstsein heraus zu tun. Denn im Pflichtbewusstsein sind wir möglicherweise unwahr, nicht echt, nicht wir selbst. Und schließlich will beides, das Erledigen oder das Aufschieben, von uns anerkannt und gewürdigt werden.

Man muss von Natur aus nur etwas Einziges im Leben: sterben. Dieser Satz hat etwas ungemein Erleichterndes. Wenn wir gar ein Müssen in ein Wollen verwandeln können, mag uns dabei leichter zumute sein.

Dazu fällt mir ein Ausspruch ein, den die Dadaisten in den zwanziger Jahren des letzten Jahrhunderts geprägt haben: „Verstreut eure Kinder am Waldrand!" Natürlich macht das kaum eine Mutter. Wir haben unsere Kinder auf die Welt gebracht und tun unser Bestes, um sie zu glücklichen Menschen heranwachsen zu sehen, nicht zuletzt auch uns selbst zuliebe. Aber wir erlauben uns trotzdem die Großzügigkeit dadaistischen Denkens, weil es den Geist lockert, weil es eine Alternative aufzeigt, die wir selbstverständlich nicht umsetzen müssen. Denn wir müssen nur eines: sterben. Wir wollen also auf unsere Kinder schauen, sie nicht am Waldrand verstreuen, und das ist gut so.

Wie oft hören wir jemanden sagen: „Ich muss noch schnell das und das machen". Muss? Und erst noch „schnell", quasi zur Verdoppelung des Muss? Ist eine Angst dahinter, dass wir es sonst aufschieben? Unerledigte Dinge sind ein Müssen. Wir fühlen uns dabei gestresst und unlustig. Was wollen wir eigentlich? Das herauszufinden ist bereits eine große Aufgabe. Und schon lauert die nächste Gefahr. „Wollen hätten wir schon mögen, aber dürfen haben wir uns nicht getraut"; dieser Satz wird dem Münchner Komiker Karl Valentin zugeschrieben. Das Wollen genügt offenbar noch nicht, weil wir eben Pflichten haben und sie auch einhalten möchten. Erfüllen wir diese Pflichten uns selbst zuliebe? Oder anderen zuliebe? Wenn wir sie uns selbst zuliebe erfüllen, dann sind wir schon nahe am Wollen oder im besten Fall bereits am Wollen. Nicht aber, wenn wir sie anderen zuliebe erfüllen. Dann gilt es nochmals zu prüfen, ob wir wirklich wollen. Dazu braucht es Mut. Den Mut, sich selbst zu sein, den Mut, wahrhaftig zu sein, den Mut, wollen zu *dürfen*. Wir mögen dadurch für andere zeitweise unbequem sein. Wir tun es uns selbst zuliebe. Nicht weil uns unsere eigene Haut am nächsten ist, sondern aus Aufrichtigkeit, um unserer Wahrheit willen.

Ein Beispiel. Manuel ist ein Künstler im Aufschieben. Er ist auch ein Meister im Hinnehmen von Vorwürfen, dass er nun wieder etwas nicht erledigt habe, was er in Aussicht gestellt habe. Doch das ist seine Fassade, in ihm drinnen quält er sich mit Selbstvorwürfen. Eine Tages spricht ihn ein Freund auf sein übermäßiges Rauchen an und äußert die vorsichtige Vermutung, dass sein Aufschieben und sein Rauchen vielleicht in Zusammenhang stehen könnten. Manuel reagiert verärgert auf den Freund. Der Ärger zieht sich über Tage und Wochen hin und verwandelt sich zu seinem Überdruss schließlich in den Ärger über sich selbst. Ein berufliches Projekt entgleitet ihm, weil er einen Termin verpasst hat. Mit seinem therapeutischen Begleiter, den er nun aufsucht, will er sein Aufschieben, das er mehr und mehr als Selbstsabotage erlebt, verändern. Es bedarf einer intensiven Aufarbeitung seines Aufwachsens mit vier ehrgeizigen Brüdern, um sein Aufschieben, das ein Teil seiner Identität geworden ist, zu verstehen.

Er beginnt zu erkennen, was es heißt, Verantwortung für sich selbst zu übernehmen und sich für seine Interessen zu engagieren. Er lernt Prioritäten zu setzen. Langsam, aber zunehmend sicherer geworden, schiebt er ihm wichtige Dinge kaum mehr auf und freut sich an sich selbst. Wenn er im alten Sinn etwas aufschiebt, versucht er es nachzuvollziehen, ohne fruchtlose Selbstvorwürfe, ohne Selbstzerfleischung. Das eine tun und das andere lassen, ohne sich und anderen zu schaden – das ist nun seine Devise.

Selbstbilder von sich loszulassen, um der Mensch zu werden, der man zutiefst ist, bedeutet ein Abenteuer, ein Risiko, ein Wagnis. Manuel hat ein negatives Selbstbild von sich selbst aufrechterhalten und sich dabei ein bisschen als Künstler idealisiert. Künstler im Aufschieben, Künstler im Hinnehmen und Einstecken. Irgendwann war das Maß voll.

Die Tiefe des eigenen Lebens liegt im Annehmen seiner selbst und im Loslassen idealisierender und überfordernder Selbstbilder. Sie sind im Bemühen entstanden, die eigenen Schattenseiten zu verdecken, zu vertuschen oder zu überspringen. Dabei haben wir uns selbst nicht lieb. Wenn wir uns selbst lieben wollen, nehmen wir unsere dunklen Seiten in Mitgefühl mit uns selbst an. Dann gibt es Licht im Dunkel.

Einladung

Gehören Sie auch zu jenen Menschen, die täglich mit Pflichten- bzw. Erledigungslisten herumlaufen und die sich dadurch belastet fühlen? Oder haben Sie eine andere Technik, mit den anstehenden Aufgaben umzugehen?

Es mag sich lohnen, über den eigenen Umgang mit zu erledigenden Aufgaben und Pflichten nachzudenken: Wie mache ich es? Fahre ich gut damit? Bin ich zufrieden? Ist es mir zuweilen möglich, die letzten zwei, drei Punkte auf der Liste zu streichen und mich dabei erleichtert zu fühlen? Morgen ist auch ein Tag. Wahrscheinlich ja, vielleicht. Und wenn nicht, dann übernehmen wir die Verantwortung für das, was wir nicht zu tun vermögen.

Wenn ich nicht zufrieden bin: Habe ich mir schon klar gemacht, weshalb nicht? Mache ich mir Vorwürfe?

Kann ich zwischen dem unterscheiden, was mir wichtig ist, und dem, was mir nicht so wichtig ist, und kann ich dementsprechend Prioritäten setzen?

Programmiere ich mir täglich eine neue Enttäuschung, weil ich niemals alle Pflichten auf der Liste erfüllen kann? Schiebe ich immer wieder wichtige Dinge auf und bin ich entsprechend frustriert?

Weshalb lasse ich das immer wieder zu? Oder aber: Was habe ich gelernt?

Entscheidungen, die getroffen werden, und Aufgaben, die angegangen werden, bedürfen ebenso unserer Anerkennung und Wertschätzung wie jene Dinge, die aufgeschoben werden. Beides kann Sinn haben.

Kennen wir dazu eigene Beispiele?

Mit eigenen Ansprüchen und denen anderer umgehen können

Es gibt seit der Hochblüte des Feminismus in den achtziger Jahren des vergangenen Jahrhunderts Karikaturen, in denen Frauen – es können heute auch Männer sein – fünf, sechs, sieben Hände haben. Sie telefonieren mit zwei Telefonen gleichzeitig, sie halten Sitzungsunterlagen, einen Laptop, einen Säugling, die Einkaufstasche und die Kochkelle in den Händen. Es sind treffende Bilder der modernen Existenz mit Tausenden von Ansprüchen, denen man täglich gerecht werden soll. Oder liegt es in unserer Macht, so mit Ansprüchen umzugehen, dass wir uns nicht bedrängt fühlen?

Sich selbst lieben – was bedeutet das in diesem Zusammenhang?

Es ist ja nicht so, dass nur die anderen an uns Ansprüche haben. Die meisten Menschen haben den Wunsch, ein erfülltes Leben zu leben. Das heißt für viele Frauen unserer Zeit, Beruf und Kinder miteinander zu vereinbaren – um sich selbst lieb zu haben. Es ist immer noch ein hoher Anspruch an sich selbst, gleichzeitig ein volles Privat- und Berufsleben zu leben, für Frauen und Männer. Eigentlich ist es zu viel für ein Menschenleben, weil sowohl Beruf als auch Kinder und Haushalt ihren Tribut eines vollen Engagements fordern. Eines ist zu wenig, beides ist zu viel.

Um bei diesem Beispiel zu bleiben: Es gibt Lebensphasen, in denen wir heutigen Menschen überfordert sind. Wir sind zu vielen eigenen und fremden Ansprüchen an uns selbst ausgesetzt, sei es durch Kinder und Beruf, durch einen kranken Angehörigen, Schwierigkeiten im einen oder anderen Lebensbereich. Das lässt sich nicht wegdiskutieren. Es ist so. Es ist, wie es ist.

Gemäß dem Ausspruch, „Frieden im Unfrieden zu finden", kann es möglich werden, Ruhe in der Überforderung zu finden. Wir können uns Hilfe holen. Wir können uns mit Gleichgestellten zusammentun, um in diesem Kreis Verständnis und Unterstützung zu finden. Wir können versuchen, unser Wohlsein als hohe Priorität in unser Leben einzubauen und uns Wohlseinsinseln im Alltag zu schaffen: einen Spaziergang, einen Saunabesuch, einen Abend für uns allein, einen Tee mit einer Freundin.

Vor allem ist es hilfreich, sein eigenes Leben als Teil eines größeren Ganzen zu begreifen. Seien wir eine berufstätige Mutter, ein berufstätiger Vater oder ein Single: In allen Arten von Lebensgestaltung ergeben sich hohe, wenn auch ganz unterschiedliche Ansprüche an uns. Wir sind Teil einer Kultur und Gesellschaft, die sich in einer bestimmten Entwicklungsphase befindet. Und wir sind Teil des Kosmos, Teil der Evolution, Teil eines größeren Ganzen.

Jedes Leben führt über sich selbst hinaus in einen größeren Kreislauf von Werden und Vergehen. Mögen wir an Gott oder an eine höhere Kraft glauben oder nicht, wir sind gleichwohl in dieses Größere eingebettet. Wir sind nicht allein. Was wir nicht bewältigen können, dürfen wir Kräften übergeben, die mächtiger sind als wir selbst. Sie helfen uns nicht, den nächsten Anspruch einzulösen, den Alltagsspagat zu bewältigen, aber sie lassen uns die Erleichterung darüber spüren, dass nicht alles in unseren Händen liegt.

Um diese Erleichterung, um dieses Aufatmen geht es. Um die Geborgenheit im großen Ganzen. Um ein Innehalten in der Natur, um einen Sonnenaufgang, einen Vollmond, ein Lachen auf dem Gesicht eines Menschen, einen Händedruck. Wir lassen geschehen. Wir lassen unseren Eigensinn und Anspruch los, dass wir alles und jedes im Griff haben müssen.

Es gibt Situationen, in denen wir nicht wissen, was wir tun sollen. Nehmen wir auch das an und vertrauen auf den nächsten Einfall oder einen Menschen, der uns entgegenkommt. Werden wir ruhig in der Unruhe. Werden wir hoffnungsfroh in der Hoffnungslosigkeit. Werden wir vertrauensvoll im Unglauben. Seien wir uns selbst lieb, auch wenn alles gegen uns zu sprechen scheint. Fühlen wir uns wohl mit uns selbst, auch wenn wir weder den eigenen Ansprüchen noch denen der anderen im Moment genügen können. Jetzt ist es so, und diese Wahrheit ist uns zuzumuten. Wir tun uns nichts zuliebe, wenn wir sie überspringen. Wenn wir sie zulassen, kann sich etwas wandeln.

Ein Beispiel. Sara ist eine Lehrerin in den Dreißigern, die von ihren Kolleginnen als einfallsreiche und erfolgreiche Lehrkraft beschrieben wird. Ehrgeizig vom Elternhaus her und aus eigener Überzeugung, arbeitet sie hart. Sie möchte Erfolg haben und im Beruf aufsteigen. Was ihr zu schaffen macht, ist die fehlende Freude an ihren Leistungen. Sie quält sich selbst mit immer höheren Ansprüchen und ist nie mit sich zufrieden. Gegenüber den ranghöheren Kollegen empfindet sie ein Unbehagen, weil sie sich – grundlos, wie die Kollegen sagen – kontrolliert und kritisiert fühlt. Sie ist zu sich selbst lieblos und unerbittlich in ihren Ansprüchen.

Eine berufliche Supervision verhilft ihr zur Einsicht in den Mechanismus der Bestrafung ihrer selbst durch ihre unerbittlichen und unverhältnismäßigen Ansprüche. Sie erkennt den hohen Preis, den sie zu zahlen bereit war: die Knüppelung und Peitschung ihrer selbst und der Verlust an Lust und Freude. Was sich bisher bewährt hat – nämlich ihr Ehrgeiz und ihre Leistung –, ist ins Gegenteil gekippt. Sie realisiert, dass sie ihr Selbstbild an die neue Realität anzupassen hat. Sie hat umzudenken und neue Leitsätze herauszufinden: „Es ist genug“, „ich genüge meinen Ansprüchen“, „ich genüge den Ansprüchen meiner Eltern und anderer Menschen“, „ich tue mein Bestes und das ist gut genug“.

Sara ist kein Einzelfall in unserer Welt voller innerer und äußerer Ansprüche, wo alles und jedes besser und schneller und schöner sein soll. Ehrgeiz vermag jahrelang zu hohen Leistungen anzuspornen, die mit entsprechenden Erfolgen belohnt werden. Doch die Ansprüche an sich selbst und an andere können sich verselbständigen; sie können sich von der Realität ablösen. Sie führen dann ein Eigenleben, das auf die betreffende Person wie ein Bumerang zurückschlägt. Es äußert sich darin, dass die Entfaltung der Persönlichkeit gefährdet wird. Erst aufgrund mannigfaltiger Beeinträchtigungen (Freud- und Lustlosigkeit, depressive Verstimmung, somatische Beschwerden und anderes) wird das Problem erkannt.

Der einzige Anspruch an uns ist, uns selbst zu sein, unseren Wesenskern zu entfalten und unverwechselbar wir selbst zu sein. Es ist keine leichte Sache in einer Welt, die uns von Geburt bis zum Tod in Familie, Arbeit und Gesellschaft mit Erwartungen und Zwängen konfrontiert. Die Freiheit entsteht innerlich.

Einladung

Wir versuchen uns an Momente zu erinnern, in denen uns unsere eigenen Ansprüche überwältigt haben. Wir haben nicht mehr aus noch ein gewusst.

Wie haben wir uns gefühlt? Haben wir gekämpft? Haben wir uns ergeben? Wie hat sich die Situation entspannt?

Würden wir heute mit einer solchen Überforderung gleich oder anders umgehen?

Stellen wir uns dieselben Fragen im Hinblick auf Ansprüche anderer an uns.

Es mag auch Situationen gegeben haben und noch geben, in denen die eigenen Ansprüche und die (eventuell nur vermeintlichen) der anderen kumulieren. Es sind Situationen, in denen wir uns Hilfe suchen sollten (Beratung, Supervision, Selbsterfahrungsgruppe, Therapie).

Bleiben wir noch einen Moment bei den Ansprüchen an uns selbst. Wenn wir sie in einem ruhigen Moment überdenken, spüren wir möglicherweise unseren Eigensinn, dass alles so zu laufen hat, wie wir es wollen. Dass wir uns keine Unsicherheiten und Hoffnungslosigkeiten zugestehen. Dass wir allein wissen, was richtig ist. Dass wir auf alle Fragen selbst eine Antwort zu geben haben. Dass wir Angst haben zu versagen. Dass wir an dem verzweifeln, was ist. Dass wir unser ganzes Sein an unsere eigene Verantwortung hängen.

Laden wir uns zu einem Moment der Ruhe ein, wo wir uns eingestehen, dass wir unser Bestes tun. Und dass wir alles Übrige anderen und auch höheren Kräften überlassen wollen. Wir tun unser Bestes – mehr können wir nicht leisten. Wir tun unser Bestes, und es ist gut so. Es ist gut, wie es ist.

Wir sind in ein größeres Ganzes eingebettet, und wir haben nur eine Aufgabe: wir selbst zu sein. Und zu uns selbst gut zu sein. Uns selbst zu lieben. Das ist eine lebenslange Aufgabe.

Ist es nicht eine schöne Aufgabe?

Gut genug sein

Wir leben in einer Gesellschaft, die von enormem Leistungsdruck, von Schnelligkeit, Perfektionsdrang und erbarmungsloser Konkurrenz gekennzeichnet ist. Es ist weder in der Arbeitswelt noch außerhalb je „genug". Es könnte alles besser sein. Perfekter. Schöner. Effizienter. Schneller. Überwältigender. Wir haben heute die technischen, elektronischen und ökonomischen Möglichkeiten, die Ansprüche immer weiter zu treiben.

Doch der Mensch mit seiner psychischen, physischen und sozialen Ausstattung vermag dieser Entwicklung nur bedingt zu folgen. Ein Zeichen dafür sind die zunehmenden physischen und psychischen Zivilisationskrankheiten. Die vom Menschen geschaffenen Möglichkeiten und Instrumente – beispielsweise immer und jederzeit erreichbar zu sein – erfordern oft mehr physische, psychische und geistige Präsenz, als ein Mensch eventuell zu leisten vermag.

Das Leben in eben dieser Zeit prägt. Wir können uns den Anforderungen nach „immer mehr" und „immer schneller" kaum entziehen. Wir leben in dieser Welt. Wir verdienen unser Geld. Wir konsumieren. Wir sind mobil und unterwegs. Die Zeit wird ein knappes Gut. Überall gibt es Lärm und Stress.

Ich denke, dass wir nur gesund und heil im Irrsinn von Tempo und Perfektionismus bestehen können, wenn wir immer wieder erleben, dass wir gut genug sind. Dann können wir Abstand nehmen von vielen Anforderungen, die uns begegnen. Wir können der Gier Einhalt gebieten, dass wir immer das Neueste anschaffen müssen, das auf den Markt kommt.

In der Unruhe ruhig werden, im Lärm still sein, im Modernisierungs- und Weiterbildungsfimmel sich zurücklehnen und sich sagen: Es ist genug. Ich bin gut genug. Im Zeitalter des Perfektionismus nicht perfekt sein, sondern gut genug. Sich von allem „ich muss, wir müssen“ nicht anstecken lassen und selbst entscheiden, was man braucht. Ist das nicht Irrsinn? Ist das nicht Selbstsabotage? Werden wir da zur Randfigur?

Jeder und jede kann jederzeit von einem lebensbedrohlichen Ereignis getroffen werden. Menschen, die an einer Krankheit, unter einem Trauma, an einer schwerwiegenden Einschränkung ihrer Bewegungsfreiheit und Leistungsfähigkeit leiden, drohen in unserer Gesellschaft zu Randfiguren zu werden – wenn wir diesen Menschen nicht das sichere Gefühl zu vermitteln vermögen, dass sie „genug“ und „genug gut“ sind. Darin können wir uns täglich in Liebe und Mitgefühl üben. Diese Menschen haben uns etwas Wichtiges voraus: Sie üben den täglichen Umgang mit Leiden. Wir dürfen von ihnen lernen.

Meister Eckhart, der Mystiker aus dem Mittelalter, hat folgendes für die Menschen des dreizehnten Jahrhunderts geschrieben:

> „Richte dein Augenmerk auf dich selbst,
> und wo du dich findest, da lass von dir ab;
> das ist das Allerbeste.“ [37]

Es ist hochinteressant, dass dieser Ausspruch des alten Mystikers durchaus im paradoxen Sinne der verrückten Moderne verstanden werden kann. Lass von dir ab, es geht nicht darum, dich zu finden, sondern den Fortschritt voranzutreiben, das Tempo zu beschleunigen, mitzumachen im großen Zirkus. Wer sich zu sehr sich selbst zuwendet, wird zum Störfaktor.

„Da lass von dir ab" kann aber auch so verstanden werden, dass wir uns dann, wenn wir uns gefunden haben, lassen dürfen. Es ist gut genug, wir sind gut genug. Um zu sein, müssen wir uns aufgeben. Sich zu lassen, gut genug sein: Es ist nichts Neues unter der Sonne, sondern es ist eine sehr alte Weisheit. Die Menschen haben sich in allen Zeitaltern, nicht erst heute, mehr zugemutet als ihnen gut tut.

Ich lasse zu, dass ich mich wandeln kann, dass ich immer wieder eine Andere, ein Anderer bin. Ich halte nicht fest an dem, was ich gefunden habe – nicht bei mir, nicht bei anderen. Es hat mit Liebe zu tun, wenn ich mich auch immer wieder, in meinem Tempo, von jeder Vorstellung befreien darf, von jedem Bild, das ich mir im Hier und Jetzt von mir mache. Ich bin gut genug. Und aus diesem „Gut-genug" wird sich etwas Weiteres ergeben.

Ein Beispiel. Beat erzählt: Er hat seine Sachbearbeiterin mit einer schwierigen Aufgabe betraut, die sie bravourös gelöst hat. Am Abend realisiert er, dass er ihr für ihren speziellen Einsatz nicht gedankt hat. Am anderen Morgen holt er sein Versäumnis nach und betont, wie peinlich es ihm sei, dass er sie nicht schon gestern gewürdigt habe. Sie schaut ihn strahlend an und entgegnet, sie hätte sich gestern Abend selbst auf die Schultern geklopft und Freude gehabt, so gute Arbeit geleistet zu haben. Gut genug sein und sich das zuzuerkennen – das habe sie in ihrem Beruf gelernt.

Und Sebastian erzählt: Ich bin in einer Familie aufgewachsen, in der wir ständig von den Eltern hörten, wie wenig Chancen sie gehabt hätten. Umso mehr wollten sie das

Beste für uns Kinder. Ich habe versucht, dem gerecht zu werden. Ich bin Ingenieur geworden, habe immer viel geleistet und auch Erfolg gehabt. Ich war kaum je mit mir selbst zufrieden. Ich wollte immer mehr und immer höher hinaus. Ich war begeistert, in diesem heutigen Zeitalter zu leben, wo immer mehr möglich wird – bis mich eine heftige Erkrankung für Monate ins Krankenbett zwang. Dort hatte ich viel Zeit, über mein bisheriges Leben nachzudenken.

Nun war alles anders. Ich konnte nur sehr sachte wieder anfangen, in das Leben einzusteigen.

Ich war langsam, wenig belastbar, ängstlich geworden. Ich merkte, dass mich meine Höhenflüge im Kopf überforderten. Ich hatte nun ein anderes, eigeneres und langsameres Leben zu leben. Und ich tat es, weil mir letztlich nichts anderes übrig blieb. Und dann, mehr und mehr, aus innerer Einsicht.

Ich erinnere mich an eine berufliche Situation, in der ich realisierte, dass ich nicht mithalten konnte. Nach einem Moment der Verzweiflung legte ich die Hände in meinen Schoß und sagte zu meinen Kollegen: Ich habe mein Bestes getan, es ist genug, ich kann es sein lassen. Es ist okay. – Sie schauten mich erstaunt an. Ich blieb ruhig. Ich spürte, dass ich das Richtige gesagt hatte. Es war von tief innen her gekommen. Das spürten meine Kollegen. Ich galt weiterhin als vollwertiges Mitglied im Team, aber alle wussten nun, dass ich mich nicht mehr überfordern lassen wollte, nicht konnte und schon gar nicht musste. Es ist genug. Wie gut, dass mich das Leben gelehrt hat, dazu zu stehen.

Unfälle und Krankheiten sind hinsichtlich des „Gut-genug“ großartige, aber harte Lehrmeister. Wer es von sich aus kann, ist sich selbst zum Lehrmeister geworden. Beides ist in Ordnung. Jeder Mensch lernt auf seine Weise. Manche lernen hart, andere lernen leichter.

Kein Märchen und keine Wundergeschichte: Ursina hat ihre beiden Kinder allein aufgezogen und als Verkäuferin gearbeitet. Sie lebte viele Jahre am Rande ihrer Kräfte, aber es ging. Als auch der Jüngere den Haushalt verließ, entschied sie sich, ihre sichere Stelle aufzugeben. Sie war, fand sie, eine gute Mutter und Verkäuferin gewesen, hatte einige Ersparnisse angesammelt, die Pflichten ihrer Doppelbelastung erfüllt, genügend für andere gelebt. Es war alles gut gewesen. Und genug. Nun eröffnete sie einen Schneiderladen – sie war gut genug – und nähte extravagante Kleider, organisierte in ihrem Atelier ihre kleinen Modeschauen, lebte mit Leib und Seele für ihre Nähkunst. Und sie verdiente gerade genug, um davon leben zu können. – Nach zehn Jahren verkaufte sie Atelier und Laden. Sie nahm eine Stelle in einem Meditationszentrum an, in dem sie fortan lebte und arbeitete, meditierte und sich innerlich weiterentwickelte. Sie konnte sich vorstellen, da zu bleiben.

„Ich bin gut genug“ eröffnet vielerlei Möglichkeiten. Akzeptieren, was ist, es ist gut – oder es ist gut genug. Ich darf das verwirklichen, was mir das Leben an Möglichkeiten zuspielt. Immer wieder offen sein. Im Jetzt sein. Sich selbst zuliebe.

Einladung

Gut genug sein, anstatt immer besser sein zu wollen: in welchen Lebensbereichen kann ich das?

Es ist hilfreich, diesem Gefühl des „Gut-genug“ intensiv nachzuspüren.

Wo äußert es sich im Körper? Wie äußert es sich: warm, kalt, hart, weich, anderswie?

Ist es angenehm oder nicht? Mit welchen Worten würde ich es beschreiben?

Man kann das Gefühl „ich bin gut genug“ bewusst in seinem Körper verankern. Ja, so fühlt es sich an, so ist es gut.

In welchen Bereichen kann ich es (noch) nicht? Wie äußert sich das?

Wo möchte ich es noch lernen, gut genug zu sein? Kann ich Vorstellungen dazu entwickeln, wie ich auch in diesen Bereichen zum „Gut-genug“ gelange? Wir lassen unserer Phantasie freien Lauf, wir notieren unsere Einfälle, das Unbewusste hilft uns dabei. Wir üben keine Zensur, sondern wir füllen das Blatt mit unseren Ideen. Anschließend wählen wir aus, was uns anlächelt.

Meditationen zum Thema:

„Ich tue mein Bestes, und es ist gut genug. Es ist mein Beitrag zu diesem meinem Leben.“

„Es ist gut genug. Ich bin gut genug.“

„Ich habe mich selbst lieb.“

Mit Meditationen ist gemeint, stille zu werden und bei diesen oder frei gewählten Sätzen zu verweilen, sie sich immer wieder zu sagen, ihnen nachzuspüren.

Verweilen Sie eine Zeit lang beim selben Satz (einige Tage, einige Wochen), bevor Sie den nächsten wählen.

Unsere Seele braucht – Zeit.

Ganz werden

Manchmal fühlen wir uns zersplittert, gespalten, uneins mit uns selbst, unvollkommen. Wir richten den Blick auf unsere Brüche und Risse und verzweifeln fast an uns selbst. Wir erwachen nachts aus Albträumen und fühlen uns tagsüber zerschlagen. Gerade in solchen Momenten bedürfen wir der Liebe zu uns selbst. Die Liebe hilft uns, ganz zu werden. Heil zu werden.

Jeder Mensch hat in seinem Leben eine Aufgabe zu erfüllen, nämlich der oder die zu werden, die er, sie ist, immer mehr er oder sie selbst, immer echter und unverwechselbarer zu werden.

Ein Beispiel. Gudrun erzählt: Es gibt immer wieder Momente, in denen ich nicht mehr richtig weiß, wer ich eigentlich bin und was aus mir werden soll. Ich verliere meinen roten Faden. Dabei kenne ich die anderen Augenblicke auch, wo ich mir zulache und mich an mir freue. Ich habe nun etwas herausgefunden, was mir in den mühseligen Momenten zu helfen vermag, wieder zu mir zu finden. Ich erfinde eine Geschichte mit Dingen und Menschen und Tieren und Stimmungen, die ich sehr gern habe. Beispielsweise eine Katzengeschichte, in der junge Kätzchen auf die Welt kommen und ihren ersten Tag erleben. Oder eine Schildkrötengeschichte, in der Hunderte von kleinen Schildkröten aus ihren Eiern schlüpfen und ins Meer rennen. Oder ich spaziere im Frühling durch einen Buchenwald, freue mich am zarten Grün und höre die Amseln wunderbar singen. Es sind immer wieder Geschichten von Anfängen, habe ich realisiert. Ich bin ins Beginnen verliebt. Und wenn ich mich dann in solche Lieblingsmomente vertiefe, dann merke ich innerlich, wie ich nach und nach ruhiger und wieder ganz werde. Manchmal muss ich ein paar Anläufe nehmen und es mit einer anderen, neuen Geschichte versuchen. Manchmal ist es ganz schön mühsam, wieder meinen roten Faden aufzunehmen. Wenn es dann wirklich stimmt für mich, merke ich es auch in meinem Körper. Es geht ein Schaudern durch mich und ich spüre: Das bin ich. Dann überströmen mich starke Gefühle, die ich als Liebe bezeichnen möchte, Liebe und Dankbarkeit. Es ist mir dann ganz feierlich zumute.

> „Der Pfad der Liebe
> ist wie eine Brücke aus Haar
> über einen Abgrund des Feuers.“ [38]

Wenn wir die Augen schließen und uns nach innen wenden, vermögen wir uns selbst zu fragen, wie wir in unserem Selbst – und in unseren Selbsten – Brücken über die eigenen Abgründe zu schlagen vermögen. Feine Brücken aus Haar – und wir vertrauen darauf, dass das feine Haar hält.

> „Komm, komm, wo immer du gerade bist!
> Wanderer, Andächtiger, Liebhaber des Abschieds.
> Es spielt keine Rolle.
> Unsere Karawane ist kein Ort der Verzweiflung.
> Komm, komm,
> selbst wenn du deine Versprechen
> schon tausendmal gebrochen hast.
> Komm!“ [39]

Wo du gerade bist. Liebe dich dafür. Wenn du schon tausendmal gefehlt hast: Liebe dich dafür.

Jeder Gedanke, jedes Bild und jede Emotion, vor allem die Angst, wird in der Liebe aufgelöst.

Liebe als Schwingung, als Energie, als Resonanz: Wer liebt, schwingt auf der höchst möglichen energetischen Schwingungsebene. Das hat seine Auswirkungen und stärkt das psychische und physische Immunsystem, das wir heutigen Menschen so dringend brauchen, um in dieser Gesellschaft, in diesem Leben bestehen zu können.

Ein Mensch liebt, weil er merkt, wie gut es ihm dabei geht.

Wir übernehmen mit unserer inneren Ausrichtung auf die Liebe immer auch Verantwortung für unser eigenes Leben.

Wir Menschen können das Böse nicht ausmerzen, wir können es nicht umpolen, denn das Gute existiert im Bösen. Wenn ich mich anstrenge, nur das Gute zu denken, dann löst sich das Böse nicht auf, sondern verstärkt sich mit großer Wahrscheinlichkeit. Es ist wie im erwähnten Bild: Der Teufel, den wir zur Tür hinausexpedieren, kommt ungefragt zum Fenster wieder herein.

Ohne Integration des Bösen gibt es keine Ganzheit. Das Gute will im Bösen wahrgenommen werden. Und das Böse im Guten. Es gibt keinen Tag ohne Nacht.

Träume und Phantasien, die wir haben, zeigen uns, was wir auch sind, und nicht nur, wie wir gern wären. Sie manifestieren uns unsere Wünsche und Ängste, unser brodelndes Gefühlsleben. Sie zeigen uns aber auch Grundmuster des Lebens auf, die sich in Symbolen äußern: in einem Kreis, einer Kugel, einem Berg oder einem Abgrund, in weisen Wesen, Helden und Bösewichtern, in Farben und Tieren. Wenn wir uns damit beschäftigen, dann erkennen wir, dass wir selbst in allem drin und mit allem verbunden sind. Wir sind alles und alles ist in uns. Das ist Ganzheit.

Es gibt dafür das schöne Symbol des Mondes. Auch wenn wir ihn nicht ganz sehen – sondern zunehmend oder abnehmend –, so ist er doch immerzu rund und schön.

Einladung

Mich selbst lieben: mit meiner Wut, meinen Ängsten, mit meinen Brüchen und Rissen:

Mögen wir uns das zugestehen?

Haben wir den Mut, an unser Ganzwerden zu glauben?

Ahnen wir etwas von unserem ureigensten Wesenskern und unserer Aufgabe in diesem Leben?

Wagen wir die Liebe?

Jeden Tag neu. Auch in schwierigen Situationen. Auch im Hader mit uns und der Welt.

„Wenn du schon tausendmal gefehlt hast: Liebe dich dafür – und geh weiter."

Welche Resonanz hat diese Ermutigung in unserem Herzen?

Das Gute will im Bösen wahrgenommen werden: Wie kommt das bei uns an?

Wir notieren uns, was unser Ganzwerden für uns persönlich bedeutet: im Jetzt. Und die Zuversicht, ganz zu werden, jeden Tag ein bisschen.

Was mir hilft, mich selbst zu lieben

In guten Zeiten fällt es uns leicht, „die Welt zu umarmen" und uns selbst zu lieben – wenn wir gute Zeiten je erleben und annehmen können.

Wenn unsere Eltern und bisherige Bezugspersonen unfähig waren, uns anzuerkennen und zu lieben, dann lernten wir möglicherweise, dies als normal zu betrachten und uns dabei schlecht und schuldig zu fühlen. Wir glauben bis heute, es sei Liebe, wenn andere uns schlecht behandeln. Dieses (unbewusste) Erlebensmuster setzte sich in uns fest und lässt uns auch heute Partner und Freunde wählen, die uns schlecht behandeln. Wir meinen, wir seien selbst schuld, und verwechseln Lieblosigkeiten mit Liebe.

Sich selbst lieben: Das war und ist nicht auf dem Programm. Andere lieben schon, und zwar bis zur Selbstaufopferung und Selbstaufgabe.

Wenn wir unser Muster erkennen können, dann sind wir schon weit gekommen. Es gibt nur den einen Weg weiter: sich selbst wahrnehmen, anerkennen und annehmen lernen, in immer neuen Situationen, wenn möglich mit kompetenter, liebevoller Begleitung. Denn wenn man es nie erlebt hat, dass Liebe zu sich selbst und zu anderen erst möglich wird, wenn man sich selbst achtet und annimmt bzw. wenn sich zwei Menschen auf derselben Augenhöhe begegnen, dann ist es ein langer Weg, den man nicht allein gehen soll.

Uns selbst anzunehmen und zu lieben bedeutet, mit unseren Beschädigungen und unseren Widersprüchen einen wohlwollenden Umgang zu finden. Wohlwollen öffnet. Wir werfen uns einen wohlwollenden Blick zu. Wir umarmen uns. Wir ergreifen eine Hand, um uns dabei begleiten zu lassen. Das Leben bringt immer neue Überraschungen, wenn wir uns dafür offen halten. Seien wir großzügig uns selbst gegenüber, zugewandt und liebevoll.

Ein Beispiel. Alexandra erzählt: „Ich frage mich oft, ob ich mich selbst gern habe. Das kommt ganz darauf an, wie ich mich fühle. Wie ich mir gefalle. Was mir gelungen ist. Ob ich neben den anderen bestehen kann. Dann habe ich mich gern. Ja, dann bin ich stolz auf mich. Langsam dämmert mir, dass ich mich nicht nur um meiner guten Leistungen willen gern haben möchte. Ich möchte mich einfach so, um meiner selbst willen, annehmen und gern haben. Weil ich lebe. Weil ich gesund bin. Weil ich Freude am Leben habe. Weil ich mich nicht immer wieder stressen mag. Ich trage heute in mir eine Ahnung, dass mein Leben liebenswerter wird, wenn ich mich gern habe, einfach so."

Das Beispiel von Adrian: „Ich kam wie immer abends abgekämpft und verspannt, mit Rückenschmerzen und Kopfweh, nach Hause. Ich wollte nur noch eines: Ruhe. Böse Überraschung: Meine Küche stand unter Wasser. Wasserschaden. Ich sank auf einen Stuhl und fühlte mich völlig überfordert und verzweifelt. Nach einer sehr langen Weile ergab ich mich in die Situation. Ich fing an Wasser zu schöpfen. Ich fand nicht heraus, wo das Wasser hergekommen war, aber der Fluss hatte gestoppt. Ich telefonierte mit dem Notfall-Sanitärdienst. In zwei Stunden würde jemand vorbeikommen. Okay. Als ich die Küche hinlänglich trocken gelegt hatte, waren meine Rücken- und Kopfschmerzen zu meinem Erstaunen verflogen, und das zum ersten Mal seit vielen Wochen.

Dies brachte mich in den darauf folgenden Tagen auf die Idee, dass ich mich in vielen Situationen in meinem Leben zu sehr wehre; zu viel Widerstand ausübe, wenn mir etwas nicht passt. Zu viel gegen mich selbst kämpfe, seelisch und körperlich.

Der Wasserschaden an jenem Abend hat mich gelehrt, mich manchmal einfach zu ergeben. Manchmal eine Situation anzunehmen und „Wasser zu schöpfen". Das zeigt Auswirkungen, wiederum eine Verblüffung wie an jenem Abend, als die Schmerzen in Kopf und Rücken auf einmal wie weggeblasen waren. Ich kann mich nun selbst mehr annehmen. Ich bin okay."

Einfach so: eine Hingabe ans Leben, ein Sicheinlassen und Sichergeben in das, was geschieht.

„Hier ist das Wunderbare: In jedem Zustand, in jeder Person und in jeder Situation, die ‚schlecht' oder übel' zu sein scheinen, schlummert in der Tiefe etwas Gutes. Dieses Gute in der Tiefe offenbart sich – innerlich wie äußerlich – durch die Hingabe an das, was ist. Widerstrebt dem Übel nicht – ist eine der tiefsten Wahrheiten der Menschheit."[40]

Das Wort „Hingabe" wird heute nicht mehr oft gebraucht. Heute hat man sich zu behaupten. Bis zum Gehtnichtmehr.

Hingabe an das, was ist, liegt nahe bei der Hinnahme dessen, was ist. Doch liegt in der Hingabe noch eine aktive und liebevolle Geste nach vorn, ein Sich-hin-und-eingeben-Können – an einen geliebten Menschen, an eine geliebte Tätigkeit; aber auch an das, was nicht gefällt, was quält, was sorgt. Das Herz sagt ja. Hingabe ermöglicht Wandel: beim Gebenden und beim Empfangenden. Durch Hingabe vermag sich Übel zu wandeln. Es wird nicht mehr festgehalten, nicht mehr fixiert und dann kann es sich wandeln.

Diese Hingabe an das Leben ist das eine, das uns hilft, uns nicht in Widrigkeiten zu verstricken und uns danach noch selbst dafür zu bestrafen.

Das andere: Ein Schritt zurück, der Blick von außen auf uns selbst, vermögen ebenfalls wohltuende Distanz und Gelassenheit zu vermitteln. Es sind Voraussetzungen der Selbstliebe.

Ein Beispiel. Sonja erzählt: „Ich glaube, ich habe gelernt, mich anzunehmen und lieb zu haben, so wie ich bin. Ich habe eine nahe Freundin, deren souveräne Art, deren gewinnende Ausstrahlung ich gut hinnehmen kann, auch wenn es Momente gibt, in denen ich mich ein bisschen hintangestellt fühle. Ein Freund hat einmal Fotos von uns beiden gemacht. Ich war überrascht, als ich uns darauf erblickte, und spürte tief in mir drin: Da sind zwei gleichwertige, ebenbürtige Freundinnen. Dieser Blick von außen auf mich selbst hat mich beglückt und mir eine neue Art von Selbstwert vermittelt. Ich spüre nun selbst, dass ich eine liebenswerte Ausstrahlung habe."

Alles an uns, worauf wir unsere Achtsamkeit richten, vermag sich zu entfalten, wächst.

Das gilt im Guten und im Schlechten. Ein Zeichen dafür, dass wir uns selbst mögen, ist, dass wir uns dem Guten, Schönen, Liebenswerten in uns zuwenden.

Wir achten auf unsere Gedanken. Sie haben Auswirkungen auf uns und auf andere.

Was uns hilft, unsere Liebesressourcen zu stärken:

- Wir glauben an die Kraft der Liebe.
- Bei täglichen Verrichtungen, die wir geschickt und gern tun, können wir uns immer wieder zulächeln: Es macht Spaß, ich kann es, das bin ich, das gefällt mir.
- Wir üben uns immer wieder im Einverstandensein mit uns selbst.
- Wir sind gut genug.
- Wir umarmen unsere dunklen Seiten.
- Wir entdecken die schönsten Seiten an uns. Vielleicht haben wir sie bis jetzt noch gar nie wahrgenommen.
- Wir entdecken, was uns glücklich macht. Wir beginnen mit kleinen Dingen.

- Wir lieben schöne Dinge, die uns Freude bescheren.
- Wir geben uns die Erlaubnis, uns selbst zu lieben.
- Wir erlauben uns, dass es uns gut gehen darf. Immer wieder neu.
- Wir wissen zutiefst, dass unsere Selbstliebe uns selbst wie auch unseren Mitmenschen zugutekommt. Wir tun etwas Gutes, wenn wir uns liebevoll uns selbst zuwenden.
- Menschen, die sich selbst lieben, sind uns auf unserem Weg hilfreich. Sie vermögen uns zu inspirieren und zu ermutigen. Wir suchen bewusst ihre Nähe.
- Den Menschen, die uns Mühe machen, und den Widrigkeiten, die uns umtreiben, senden wir Licht und Wärme. Das tut uns gut.

Einladung

Wenn wir mögen, gehen wir die oben stehende Liste Tag für Tag durch. Es mag reichen, sich jeden Tag einen Satz vorzunehmen und ihn im Herzen zu bewahren.

Man kann diesen Satz mit einer Farbe, einer Form, einem Bild versehen und sich immer wieder vergegenwärtigen.

Sich selbst der beste Freund, die beste Freundin sein: Versuchen wir uns das vorzustellen.

Manchmal dürfen wir uns ein Geschenk machen. Uns etwas zuliebe tun und nicht damit hadern, dass es jemand anderes nicht macht. Uns dort ein Lob zu spenden, wo wir es eigentlich von jemand anderes erwartet hätten.

Das Nicht-anhaften und Nicht-werten: Das können wir üben. Wir bewegen uns langsam im Raum, in dem wir uns befinden, und schauen umher, ohne irgendwo haften zu bleiben und zu werten (weil wir noch die Vorhänge waschen, den Teppich saugen und ein Telefonat erledigen sollten). Wir schweifen mit unserem Blick durch den Raum, und es ist gut so.

Wir gönnen uns diesen ruhigen Moment und wissen, dass wir alles Anstehende irgendwann erledigen werden. Manchmal ist es wichtiger, uns einen ruhigen und liebevollen Moment zu gönnen als herumzuhetzen. Wir erholen uns und schöpfen Kraft. Wir vertrauen auf die Stille des Innehaltens. Wir vertrauen uns selbst.

Das alles mag mir suspekt sein. Was soll es? Ich bin es müde, mich selbst lieb zu haben. Dann lassen wir auch das so sein, wie es ist. Vielleicht werden wir eines Tages auch müde, auf die Liebenswürdigkeiten der anderen zu warten. Unglücklichsein entsteht nicht durch die Lebensumstände, sondern durch die eigenen Gedanken und Gefühle.

Aus welchen Geschichten, die ich über mich erzählen kann, beziehe ich mein Selbstgefühl und meine Selbstliebe?

Ein Kollege hat mich schnöde behandelt: Beeinflusst das mein Selbstgefühl und meine Selbstliebe?

Ich habe heute gut gearbeitet: Beeinflusst das mein Selbstgefühl und meine Selbstliebe?

Heute hatte ich keinen guten Tag: Beeinflusst das mein Selbstgefühl und meine Selbstliebe?

Mein Kind ist heute ganz freudig aus der Schule heimgekommen. Beeinflusst das mein Selbstgefühl, mein Mitgefühl, meine Selbstliebe?

Mit solchen Fragen können wir uns selbst besser kennenlernen und immer mehr gewahr werden, was unser Selbstgefühl und unsere Selbstliebe beeinflusst. Wir merken möglicherweise, dass wir negativen Erlebnissen zu viel Gewicht geben. Wir entdecken, dass wir Erfreuliches stärker gewichten dürfen.

Vielleicht möchten wir äußeren Gegebenheiten gar nicht mehr so viel Macht verleihen und einfach tief in uns unerschütterlich wissen, dass wir uns selbst annehmen und lieben.

Es gibt unser „Ich-lebe" in und auch jenseits aller äußeren Dinge: im Annehmen unserer selbst im jetzigen Augenblick.

Beispielweise so, wie es die Indianerfrau ausdrückt. Vielleicht lassen wir den Zauber dieses Gedichts auf uns wirken, spüren die Liebe zum Leben, zum „Ich-lebe" – und schreiben unser eigenes „Ich-lebe"-Gedicht. Heute und morgen oder übermorgen wieder. Vielleicht ist es dann ein anderes oder dasselbe.

Ich lebe

Mein Name ist „Ich lebe".
Mein Heim ist alle Himmelsrichtungen und ist immerwährend.
Durch den Wind gelehrt und zu dir geführt,
habe ich die Federn gefühlt in bleichen Wolken
und beugte mich vor der Sonne,
die auf mich sieht von einer Decke aus gebleichtem Blau.
In einem sanften Wirbelwind werde ich geschüttelt,
geschaffen, auf Erden zu sehen auf vielerlei Weise.
Und als mein Mund sich in Ehrfurcht öffnete,
schmeckte ich den feinkörnigen roten Ton.
Sein Geschmack blieb noch nach unzähligen Tagen.
So trank ich von einem kristallenen Fluss,
den nur ich gesehen habe.

Ich hörte all seiner fließenden Weisheit zu
Und lernte von ihm ein Lied –
Dieses Lied haben der Wind und ich seitdem gesungen.
Ohne mein Wissen wurde ich von seinem Wasser umgeben und gereinigt.
Nackt und feucht wurde ich umhüllt und getrocknet
durch die Wärme deiner Gegenwart.
Gekleidet für immer in den Duft von trockenem Zedernholz,
bin ich geläutert und frei.
Und ich werde nicht zulassen, dass du mich ignorierst.
Ich habe dir ein Geschenk gebracht.
Es ist alles, was ich habe, doch es ist dein.
Strecke deine Hand aus und umfange es.
Es ist nur die Stärke in der Liebkosung einer sanften Brise,
doch es wird dich tragen zum Adler im Himmel.
Mein Name ist „Ich lebe". Ich bin hier.
Mein Name ist „Ich lebe". Ich bin hier.[41]

Sich die Erlaubnis geben

Sich die Erlaubnis zu geben ist bereits eine Einladung. Normalerweise laden wir andere ein: zu einem gemeinsamen Tee, zu einem feinen Essen, zu einer Wanderung, zu etwas, das uns Freude macht und das wir in guter Gesellschaft genießen möchten.

Wir können auch uns selbst einladen. Zu einem schönen Ausflug, zu einem feinen Essen, zu einer guten Lektüre und einem spannenden Film. Zu uns selbst, zum Stillsein und Dasein.

Wir sind uns das wert.

Wir laden alle guten Geister und Schutzengel ein, uns an einem ganz besonders wichtigen Tag oder auf einer Reise zu behüten und zu unterstützen.

Wir laden das Licht ein, uns ganz zu erfüllen. Wir laden das fließende Wasser ein, uns in Fluss zu halten. Wir laden die Erde ein, uns zu tragen. Wir laden das Feuer ein, uns zu wärmen. Wir laden die Luft ein, um uns leicht zu fühlen. Wir versammeln alle Elemente dieses Kosmos, uns zu erfüllen.

Ein Beispiel. Birgit arbeitet in einem Restaurant und ist Single. Sie lebt nicht ganz freiwillig allein, obwohl sie sich recht gut mit ihrem Alleinwohnen arrangiert hat. Sie hat gelernt, dass sie nichts erzwingen kann. Wenn sie merkt, dass sie sich zu bemitleiden beginnt, dann gibt sie sich ganz bewusst die Erlaubnis und lädt sich ein: zum Essen, das sie gekocht hat, zu einem Besuch des Hallenbades, zu einem Spaziergang oder zu einem Kinobesuch. Sie bereitet dann alles achtsam und liebevoll vor: den Tisch, an dem sie essen wird; ihre Tasche für das Hallenbad; die Route des Spaziergangs; den Film, den sie sehen will. Nur nichts Zufälliges, nur keine Unachtsamkeiten und Lückenbüßer.

Sie hat sich entschieden – oder sich die Erlaubnis gegeben –, in gewissen heiklen Situationen Selbstmitleid erst gar nicht aufkommen zu lassen. Denn im Selbstmitleid kann sie sich nicht mehr halten oder höchstens mit einem oder zwei oder mehr Gläsern Whisky oder mit einem doofen Film im Fernsehen. So weit will sie es, wenn immer möglich, nicht kommen lassen. Ab und zu geschieht es; sie lässt das zu. „Sich die Erlaubnis geben" ist für sie ein Zauberwort. Dann nimmt sie sich ernst, dann ist sie sich selbst lieb. Sie hat die Erfahrung gemacht, dass das zu ihrem Guten ist.

Es mag kapriziös anmuten, sich für dies und jenes eine Erlaubnis zu geben. Das mag stimmen. Doch nicht du und ich sind kapriziös, sondern die heutigen Lebensumstände, die wir uns beschert haben und die uns beschert werden. Viele haben sich das Alleinwohnen nicht gewählt, sondern es hat sich so ergeben. Viele verbringen ihr Leben nicht mit ihrem Traumselbst, nicht an ihrer Traumstelle, nicht in ihrem Traumhaus, nicht in ihrer Traumstadt und nicht mit ihrem Traumpartner und den Traumkindern. Es ist so.

Früher arrangierte man sich leichter mit dem Gegebenen, denn man hatte gar keine Alternative. Doch heute, wo uns vorgegaukelt wird, dass wir Schmiede unseres eigenen Glückes seien, hadern wir mit unbefriedigenden Lebensumständen. Wir möchten es besser haben.

Es ist schon viel, wenn wir aushalten, was nicht zu ändern ist, und verändern, was möglich ist. Wir möchten es besser haben – was immer dieses Besser sein könnte. Wir können uns einladen, uns das vermeintlich Bessere vorzustellen, uns Bilder dazu zu machen. Doch zurzeit ist es so, wie es ist.

Dann braucht es umso mehr Liebenswürdigkeiten, zu denen wir uns – und andere – einladen. Es ist nicht Trost allein, obwohl es manchmal gut ist, sich Trost zuzusprechen. Es ist nicht Selbstbetrug. Nein, es ist Selbstvergewisserung – ich lebe, jetzt – und ich gebe mir die Erlaubnis und lade mich dazu ein, mir selbst gut zu sein. Im Hier und Jetzt. Vielleicht auch später, im ungewissen Morgen.

Einladung

Wir geben uns die Erlaubnis, uns etwas Gutes zu tun. Wir sind es uns wert. Wir tun es uns zuliebe.

Kennen wir das?

Tun wir es ab und zu?

In welchen Momenten unseres Lebens tun wir es?

Wenn wir es noch nie getan haben, dann können wir es jetzt versuchen. Es ist nie zu spät dazu.

Wir sind verwirrt, wir haben ein Durcheinander, wir sind gestresst. Wieder einmal.

Wir nehmen wahr, wir horchen auf, wir machen uns bewusst, was ist.

Im Wahrnehmen und Bewusstwerden fühlen wir unser Herz schlagen.

Wir geben uns die Erlaubnis, etwas uns Wichtiges zu ordnen.

Oder sein zu lassen.

Wir erlauben uns, uns selbst zu spüren.

Wir geben uns die Erlaubnis, uns selbst gut gesinnt zu sein, selbst wenn wir nicht alles so tun konnten, wie wir es gern gehabt hätten.

Wir geben uns die Erlaubnis, etwas Ungewohntes zu tun.

Wir geben uns die Erlaubnis, etwas bisher nicht Gewagtes tatsächlich anzupacken.

Was kann es sein?

Sich die Erlaubnis geben: Wir spüren diesen Worten nach und lassen sie zum Leben erwachen. Immer wieder.

Es tut gut, gelassene und großzügige Menschen um sich zu haben. Es ist Luft da zum Atmen; es ist Raum da, um sich zu bewegen; es ist Zeit da, um sich zu finden. Gelassene und großzügige Menschen haben sich selbst gern und nehmen sich selbst in Gelassenheit und Großzügigkeit an.

Sie sind keine besseren Menschen als wir. Was sie erreicht haben, liegt auch im Bereich unserer Möglichkeiten.

Gelassenheit ist seit je ein Thema der Geistesgeschichte. Seit Jahrhunderten streben Menschen Gelassenheit an und benennen sie immer wieder anders und doch im Kern ähnlich.

Die stoische Gelassenheit beispielsweise ist eine Lebenskunst, eine Unerschütterlichkeit des Gemütes, eine Seelenruhe. Nach Epikur erreicht man sie, wenn man das richtige Maß des Umgangs mit sich selbst findet, und auch, wenn man sich vom Getriebe der Welt fern hält. Seneca betont die innere Festigkeit. Er erwähnt auch, dass es wichtig sei, sich aus sich selbst heraus zu freuen, denn „alle die anderen fröhlichen Anlässe füllen das Herz nicht, sie glätten nur die Stirn und sind flüchtiger Natur". Von Horaz ist der Satz bekannt, dass durch Lust und Liebe auch schwere Arbeit leicht wird.[42]

Im Buddhismus bedeutet Gelassenheit auch Gleichmut: Es geht um ein Loslassen von Anhaftungen, von Gewohnheiten, von destruktiven Gedanken und Gefühlen. Angestrebt wird eine innere Gelassenheit, die selbst dann gespürt werden kann, wenn es außerhalb von einem selbst tobt und stürmt.[43]

Es gibt kaum eine Philosophie, keine Mystik und auch keine Religiosität und Spiritualität, die nicht die Gelassenheit als erstrebenswertes Ziel betrachten. Das ist bemerkenswert, weil wohl alle Menschen zu allen Zeiten gespürt haben und spüren, dass Gelassenheit innere Freiheit ermöglicht. Für die meisten nicht ein für allemal, sondern immer wieder. Gelassenheit ist eine Lebenshaltung, um die man sich zu bemühen hat. Ein Immer-wieder-Loslassen und Freiwerden von Angst und Furcht ist eine lebenslange Aufgabe. Es braucht Vertrauen in sich selbst, um loslassen und lassen zu können: sich selbst, die Ängste, den Ärger, die anderen Menschen. Gelassenheit hat mit lassen zu tun.

„Zufall und Wesen,
Mensch, werde wesentlich:
Denn wenn die Welt vergeht,
so fällt der Zufall weg,
das Wesen, das besteht."

Und:
„Mensch, was du liebst,
in das wirst du verwandelt werden." [44]

Es mag die Natur sein, die immer wieder zu neuem Blühen erwacht und sich von den furchtbarsten Verwüstungen erholt. Es mag der lächelnde Buddha sein. Vielleicht ist es ein alter Mensch, der sich vor gar nichts mehr fürchtet und gelassen dem Tod entgegenblickt.

Es mag der liebende Blick auf die Verwobenheit allen Seins sein, auf die Verbundenheit aller Menschen auf diesem Planeten und auf die Eingebundenheit in ein größeres Leben, in Kräfte, die die unseren übersteigen.

Ein Beispiel. Berthe erzählt: „Im Laufe meiner fünfzig Jahre habe ich gelernt, immer gelassener zu werden. Dinge zu lassen, die ich nicht ändern kann. Ich glaubte früher, das sei nur möglich, wenn man sich von der Welt zurückziehe. Heute denke ich, dass es darauf ankommt, in meinem anspruchsvollen Alltag gelassener zu werden.

Vor einem Jahr bin ich arbeitslos geworden und bin es leider bis heute geblieben. Das hat mich in einen Abgrund gestürzt, aus dem ich nur langsam wieder heraufkrabble. Ich merke nun, wie mein Selbstwert und mein Selbstvertrauen eng, zu eng mit meiner Arbeit und meinem Freundeskreis verknüpft waren und noch sind. Beides hat sich vor einem Jahr radikal und erschreckend verändert. Ich bin daran, das Vertrauen in mich selbst, in meinen Wert als Mensch und Mitmensch, neu aufzubauen. Ich kann es nun endlich zulassen, dass ich Arbeitslosengeld beziehe. Ich kann es sein lassen, mich vor mir selbst bewähren zu müssen. Ich kann es stehen lassen, dass ich zurzeit kaum ein Lob, kaum eine Anerkennung erhalte. Ich weiß, dass ich zu mir selbst lieb sein muss. Es ist hart, aber ich bin dran, es zu lernen."

Großzügigkeit bedeutet, ein großes Herz zu haben, Zeit und Raum zu haben, anerkennend und tolerant zu sein, sich selbst gegenüber und auch im Hinblick auf andere. Es ist das Gegenteil von Kleinlichkeit, Enge und Berechnung, letztlich das Gegenteil der Angst, zu kurz zu kommen.

Ein Beispiel. Susanna erzählt von drei ihrer Freundinnen, die „so unglaublich großzügig" seien. Sie habe festgestellt, dass es Frauen sind, die wenige Ängste haben, die wenig anhäufen und sichern müssen, die interessanterweise eher knapp bei Kasse seien, die mit einem Lachen verschenken würden und viel Phantasie hätten. Es sei ihr so wohl in der Nähe dieser Frauen. Deren Leichtigkeit und Großzügigkeit mache ihr einen tiefen Eindruck, weil sie bei sich die Großzügigkeit gar nicht kenne. Anfangs habe sie sich immer revanchieren wollen, dann aber festgestellt, dass keine der drei Freundinnen das erwarte. Das habe sie auf sich selbst zurückgeworfen und sie habe gemerkt, dass sie auch großzügig werden wolle. Das versuche sie jetzt immer wieder, noch immer mit der kleinen Kelle, aber zunehmend mit Lust. Und mit Freude an sich selbst. Es tue ihr im Herzen gut, wenn sie jemand gegenüber generös sein könne, in Freude eine großzügige Geste vollbringe; liebevoll, nicht berechnend, nichts erwartend.

Einladung

Wir lassen vor unserem inneren Auge Menschen auftauchen, die uns in ihrer Gelassenheit gut tun. Wir versuchen herauszufinden, was diese Gelassenheit auszeichnet und was sie für uns selbst bedeutet.

Ebenso vergegenwärtigen wir uns Menschen, die wir als großzügig erleben. Wir spüren nach, wie wir sie erleben, und versuchen dies so genau wie möglich zu beschreiben.

Wie steht es mit der Gelassenheit uns selbst gegenüber? Vielleicht vermögen wir uns an konkrete Situationen zu erinnern, in denen wir gelassen waren. Kostet es uns Anstrengung, gelassen zu sein?

Wie steht es mit der Großzügigkeit uns selbst gegenüber? Wir erinnern uns auch an Situationen, in denen wir großzügig waren.

Gehen für uns Gelassenheit und Großzügigkeit zusammen oder sind es für uns zwei unterschiedliche Haltungen?

Sind für uns Gelassenheit und Großzügigkeit sich selbst und anderen gegenüber miteinander verknüpft? Lassen wir uns auch da etwas Zeit, um an konkrete Beispiele zu denken und sie uns zu vergegenwärtigen. Es sind Übungen, in denen wir für uns neuen Einsichten gewinnen können.

Die schönen Seiten an sich und an den anderen erkennen

Mit den „schönen Seiten“ sind wir beim letzten Kapitel angelangt. Das Rad der Selbstliebe hat bald genug Speichen, läuft vorwärts, rund und ausgeglichen, regelmäßig und ruhig. Es ist ein gutes Gefühl. Wir sitzen auf einem Fahrrad, im Zug, in einem Auto, in einer Kutsche – die Räder rollen leicht dahin, wir fühlen uns wohl. Jetzt, in diesem Moment. In fünf Minuten ist es vielleicht schon ganz anders. Lebenskunst besteht darin, sich im gegenwärtigen Moment wohl zu fühlen.

Die schönen Seiten an uns selbst zu erkennen: Das ist ein ganzes Programm. Die schönen Seiten an uns selbst und im Leben fallen uns in der Regel nicht in den Schoß. Sie wollen entdeckt und erkannt, gewürdigt und gelobt werden. Es gibt ganz viele verschiedene schöne Seiten, die wir bei uns erkennen können: das Lächeln, die Ausstrahlung, besondere Fähigkeiten, spezielle Talente, Liebhabereien und Liebenswürdigkeiten. Es sind innere Qualitäten und äußere Merkmale – und wir wissen, dass beide eng miteinander verknüpft sind.

Vielleicht können wir uns erst dann „schöne Tage“ machen, wenn wir die schönen Seiten an uns selbst entdeckt haben.[45]

Wir sind auch Menschen unserer Zeitepoche. Die „schönen Seiten“ sind mit großer Sicherheit in den Generationen unserer Großeltern und unserer Eltern unterschiedlich wahrgenommen und unterschiedlich bewertet worden. Dasselbe gilt für unsere Generation und die unserer Kinder. Die schönen Seiten an sich selbst wahrzunehmen: Das wagen wohl erst unsere zeitgenössischen Generationen. Früher war das zu sehr von Scham besetzt und von der Angst, aufzufallen.

Die schönen Seiten an den anderen vermögen uns zu inspirieren. Wenn wir uns Menschen vergegenwärtigen, die wir in ihrer Ganzheit schön finden, die uns gefallen, die uns gut tun, in deren Gegenwart uns wohl ist; oder die wir gern im Kino oder im Fernsehen sehen: unsere Vorbilder, unsere Gemütsverbesserer, unsere schönen Menschen, deren Fans wir sind – beispielsweise dann können wir uns der Schönheit annähern. Diese Menschen verkörpern etwas, das uns gut tut und das wir möglicherweise auch gern ausstrahlen würden. Vorbilder sind nicht bloß da, um von uns bewundert zu werden; wir können uns von ihnen ein Stück für uns selbst sichern. Dem Wunsch nach Schönheit und seiner Umsetzung sind keine Grenzen gesetzt, wenn wir an uns selbst glauben.

Ein Beispiel. Hanna erzählt: „Ich habe kürzlich meinen runden Geburtstag mit vielen Freunden, Freundinnen und mit meiner Familie gefeiert. Thema: Schönheit im Wandel. Ich habe alle Eingeladenen gebeten, mir keine Geschenke zu bringen, da ich schon alles hätte – es ist wahr. Ich habe sie gebeten, mir ein Lied zu singen, mir ein Gedicht vorzulesen, sich etwas einfallen zu lassen. Es war überwältigend, den Reichtum an Schönheit zu erleben, der sich an diesem Tag offenbarte. Was da gesungen, getanzt, vorgetragen, erläutert und arrangiert wurde, war pure Schönheit. Das Schönste daran war, dass die Vortragenden sich selbst übertrafen. Sie sprangen über ihre Schatten von Hemmungen und Selbstzweifeln und erkannten neue, poetische Seiten an sich: Sie sangen, dichteten, lasen vor, tanzten und erzählten. Sie wagten sich vor und verbreiteten Schönheit und Glück."

Das ist Schönheit: das großzügige Überschreiten seiner Grenzen, das Sich-mehr-Zutrauen, als man es bisher getan hat, das Feiern dessen, was Freude macht – um die Schönheit zu loben.

Ist eben doch in jedem Menschen ein Mozart verborgen?

Wahre Schönheit besteht nicht nur in dem, was als Schönheit gegeben ist und verstanden wird. Schönheit entsteht im Wunsch danach, im Begehren nach Schönheit. Schönheit ist eine Gegenwart und eine Zukunft, die daraus erwächst. Die Seelendimension ist entscheidend.[46]

Schönheit hat mit Liebe zu tun. Ein liebes Lächeln ist ein schönes Lächeln. Eine liebe Geste ist eine schöne Geste. Eine Liebeserklärung ist eine Verbeugung vor der Schönheit – und in Schönheit. Die überaus lange und geistreiche Geschichte des Schönen soll hier nicht wiederholt werden. Hier geht es um die Kunst des Lebens und des Liebens. Wenn Schönheit mit Liebe zu tun hat, dann geht es darum, dazu ja zu sagen.

Im Ja wird die Selbstachtung gestärkt, werden Kräfte freigesetzt, darf gewählt werden, wie es weitergeht. „Schön ist das, wozu das Individuum ja sagen kann“ und „Gestalte dein Leben so, dass es bejahenswert ist“.[47]

Wenn wir aus einer Familie kommen, in der Schönheit keinen Wert darstellte oder gar verpönt war, dann ist es nie zu spät, den Wert der Schönheit und der schönen Seiten im Leben doch noch für sich zu entdecken. Die Natur kann uns da eine großartige Lehrmeisterin sein.

Wir leben in gesellschaftlich und persönlich unvollkommenen Verhältnissen, in Macht- und Gewaltverhältnissen, in

Unruhe und Unfrieden. Die Bejahung des Lebens will keinesfalls diese Verhältnisse legitimieren oder rechtfertigen. Doch sie kann sich vom Bestehenden abheben. Sie kann eine Idee des möglichen Anderen konzipieren, das als schön betrachtet wird.

Schönheit ist ein Plädoyer für den Eros: im Alltag, in der Arbeit, in jedem Bereich der Existenz. Dort, wo wir den Eros am wenigsten suchen – und merken, er leuchtet in der Not, in der Bedrängnis, dort, wo wir ihn nicht erwartet hätten. Oder wie Diotima den Sokrates und seine Freunde lehrt: „Die Liebe will im Schönen zeugen und das Schöne gebären".[48]

Ein Beispiel. Tina erzählt: „Mir fallen dazu die fülligen schwarzen, bunt gekleideten Frauen in Afrika ein, die ich habe singen hören und tanzen sehen. Ich erinnere mich gut an die Stärke und Schönheit, die aus ihren vollen Stimmen klang. Ich konnte mich nicht satthören. Und wenn sie sich im Rhythmus der Musik bewegten, dann wurde ihre körperliche Schwere zu einer unglaublichen Leichtigkeit und Schönheit, die den Augenblick in eine Ewigkeit verwandelte. Und ich spürte zutiefst reine Schönheit und eine tiefe Liebe zum Leben."

Diesen Eros heißen wir willkommen und nennen ihn unser eigen. Wir eignen ihn uns an. Schöne Momente sind nur bedingt planbar. Wichtiger ist es, für sie offen zu sein, sie zu leben, wenn sie sich ereignen. Ob es unsere eigenen schönen Seiten sind, die dann zur Entfaltung kommen, oder die anderer, spielt keine Rolle. Wenn wir uns selbst zu lieben vermögen, dann sind wir schön.

Die schönen Seiten an mir selbst erkennen:

Vermögen wir sie uns liebevoll zu vergegenwärtigen?
Sind wir uns selbst lieb, um sie zu würdigen?
Wer sonst hat sie je gewürdigt?
Wer hat sie je hervorgehoben?
Wer hat sie je gelobt?
Und ganz grundsätzlich: Glauben wir den anderen, wenn sie uns etwas Schönes über uns mitteilen?

Lassen wir unserer Phantasie freien Lauf.

Die schönen Seiten an den anderen:
Wir wählen uns einige Personen aus und würdigen ihre schönen Seiten.
Die Schönheit liegt bereits im Wunsch, im Begehren nach Schönheit.
Mögen wir Beispiele suchen, fällt uns etwas dazu ein?
Vielleicht nicht sofort, sondern im Nachhall der Gedanken.

Geben wir uns die Erlaubnis, das Schöne zu wollen.

Schön ist, wozu ein Mensch ja sagen kann.
Können wir dem folgen? Und in welcher Weise?
Die Schönheit hat mit Liebe zu tun.
Lassen wir unseren Gedanken dazu freien Lauf.

Und nochmals: Entdecken wir unsere schönen Seiten.

Wir beginnen bei denen, die uns schon bekannt sind, und wir schreiten weiter zu denen, die wir vielleicht erst erahnen.
Wir atmen und wir lachen – trotz allem.
Wir tanzen und wir freuen uns und wir fühlen uns uns selbst und allen anderen in Liebe verbunden.

Ausklang

Wir leben nicht aus uns selbst heraus, sondern aus der Verbindung mit Leben und Tod, mit den anderen Menschen, mit der Natur und dem Kosmos. Wir sind auf dem Lebensweg immer ein Stück weit allein und zur selben Zeit mit anderen zusammen.

Im Prozess der Selbstwerdung sind wir in dauernder Auseinandersetzung mit unserem Inneren und der Außenwelt. Wir erhalten Anregungen aus unserem Unbewussten, aus unseren Träumen, aus Bildern und Symbolen sowie aus den Begegnungen mit anderen Menschen und der Umwelt. Innen und Außen vermischen sich. In unserer Innenwelt, in unseren Träumen, tauchen unbekannte Menschen auf, die möglicherweise neue Aspekte von uns selbst verkörpern. In unsere Begegnungen mischen sich unbewusste Gehalte, die wir bisher gar nicht gekannt haben.

Es ist oft nicht mehr auszumachen, was zum Inneren und was zum Äußeren gehört. So leben wir aus dem, was zwischen uns und den anderen liegt.

Wir Menschen sind Kinder des Himmels und der Erde, der Luft und des Feuers. Die Schwerkraft hält uns auf der Erde fest. In unseren Phantasien sind oben und unten austauschbar. Es gibt keine Schwerkraft mehr. Wir Menschen als Kinder: Kinder sind, wenn sie gut gedeihen, offen und neugierig, verspielt und spielerisch. Sie betrachten sich mit Wonne im Spiegel und gefallen sich. Sie lieben sich und bringen das mannigfach zum Ausdruck. Innen und außen und oben und unten sind für sie spielerische Elemente, mit denen sie gekonnt jonglieren. Die Welt steht ihnen offen.

Die Liebe zu uns selbst vermag uns in den Menschen zu verwandeln, der wir gern sein möchten.

Dank

Mein Dank geht ins ganz Große. Wieder einmal sind mir direkt und indirekt viele Menschen, die ich selbst kenne und von denen ich gelesen habe, wichtig gewesen und haben mich ermutigt, mich an dieses Thema der Liebe zu sich selbst und zu anderen zu wagen. Ich fühle mich diesen Menschen in meinem täglichen Leben – den Familien, Freundinnen und Freunden, Klientinnen und Klienten, Kollegen und Kolleginnen, Autoren, Filmemachern, Musikern und allen andern Künstlern – tief dankbar verbunden.

In den vielfältigen Begegnungen mit ihnen entfaltet sich immer wieder ein großer Reichtum an Lebens- und Liebesweisheit, den ich von Herzen genieße. Das ist mein ureigenstes Lebenselixier. Es ist neben meiner Selbsterfahrung und Lektüre auch wesentliches Material für mein Sinnieren – und natürlich für mein Schreiben.

Ich wünsche mir, dass sich alle, die sich mit ihrer Inspiration und ihrer Liebeskraft in diesem Buch finden, von mir von Herzen bedankt fühlen.

Ich danke meinen Freundinnen und Freunden, die mein Manuskript in verschiedenen Stadien gelesen und mit ihren Anregungen wesentlich mitgestaltet haben. Es sind dies vor allem Lisa Hierlemann, Silvia Meyer, Nora Kubli †, Geri Pfister, Regula Reppas, Maja Schütz †, Adriano Vasella, Birgitta Weißenborn, Monica Widmer und Fred Willener.

Und ich danke Karin Walter vom Herder Verlag, die mich zu diesem Thema angefragt hat. Ohne diese Ermunterung hätte ich es wohl kaum gewagt, dieses Buch zu schreiben.

Anhang

Literatur

André, Christophe: Imparfaits, libres et heureux. Pratiques de l'estime de soi, Odile Jacob, Paris 2006

Aurel, Marc: Selbstbetrachtungen, Kröner, Stuttgart 2001

Berger, John: Hier, wo wir uns begegnen, Hanser, München 2005

Cheng, François: Cinq méditations sur la beauté, Albin Michel, Paris 2006

Chödron, Pema: Die Weisheit der Ausweglosigkeit, Arbor, Freiamt 2004

Eco, Umberto (Hrg.): Die Geschichte der Schönheit, Hanser, München 2004

Gobodo-Madikizela, Pumla: A Human Being died that Night. A Story of Forgiveness, David Philip, Claremont 2003

Goleman, Daniel / Dalai Lama: Dialog mit dem Dalai Lama. Wie wir destruktive Emotionen überwinden, Deutscher Taschenbuch Verlag, München 2005

Kast, Verena: Wenn wir uns versöhnen, Kreuz, Stuttgart 2005

Kast, Verena: Träume. Die geheimnisvolle Sprache des Unbewussten, Patmos, Düsseldorf 2006

Khema, Ayya: Sei dir selbst eine Insel. Vorträge. www.dhamma-dana.de/buecher/theravada 1986

Ley, Katharina / Borer, Christine: Und sie paaren sich wieder. Über Fortsetzungsfamilien, edition diskord, Tübingen 1992

Ley, Katharina: Geschwisterbande – Liebe, Hass und Solidarität, Walter/Patmos, Düsseldorf 2001 und Kreuz, Stuttgart 2007

Ley, Katharina / Karrer, Cristina: Überlebenskünstlerinnen. Frauen in Südafrika, eFeF, Bern 2004

Ley, Katharina: Versöhnung mit den Eltern, Wege zur inneren Freiheit, Walter/Patmos, Düsseldorf 2005

Ley, Katharina: Wenn sich eine neue Familie findet. Ressourcen und Konflikte in Patchwork- und Fortsetzungsfamilien; in: Praxis Kinderpsychologie, Kinderpsychiatrie 54: S. 802–816, Vandenhoeck & Ruprecht, Göttingen 2005b

McGraw, Phillip: Self Matters. Creating your life from the inside out, Simon & Schuster, London 2002

Mentzos, Stavros: Neurotische Konfliktverarbeitung, S. Fischer, Frankfurt 1989

Montaigne de, Michel: Essais, Insel, Frankfurt am Main 1976

Neuen, Christiane (Hg.): Gelassenheit. Vom Umgang mit Angst und Krisen, Patmos, Düsseldorf 2004

Norwood, Robin: Wenn Frauen zu sehr lieben. Die heimliche Sucht, gebraucht zu werden, Rowohlt, Reinbek bei Hamburg 1990

Pessoa, Fernando: Das Buch der Unruhe des Hilfsbuchhalters Bernardo Soares, Ammann, Zürich 1986

Pessoa, Fernando: Àlvaro de Campos. Gedichte, Ammann, Zürich 1987

Pinkola Estés, Clarissa: Die Wolfsfrau. Die Kraft der weiblichen Urinstinkte, Heyne, München 1993

Platon: Das Gastmahl, Phaidon, Düsseldorf 1959

Rehberger, Rainer: Angst zu trauern, Pfeiffer bei Klett-Cotta, Stuttgart 2004

Reddemann, Luise: Imagination als heilsame Kraft. Zur Behandlung von Traumafolgen mit ressourcenorientierten Verfahren, Pfeiffer bei Klett-Cotta, Stuttgart 2001

Reddemann, Luise: Psychodynamisch Imaginative Traumatherapie. PITT – Das Manual, Pfeiffer bei Klett-Cotta, Stuttgart 2004

Rilke, Rainer Maria: Die Gedichte, Insel, Frankfurt am Main 1986

Röhr Heinz-Peter: Vom Glück, sich selbst zu lieben. Wege aus Angst und Depression, Patmos, Düsseldorf 2005

Schmid, Wilhelm: Schönes Leben? Einführung in die Lebenskunst, Suhrkamp, Frankfurt am Main 2000

Schnarch, David: Die Psychologie sexueller Leidenschaft, Klett-Cotta, Stuttgart 2006

Saint- Exupéry, Antoine de: Der kleine Prinz, Heyne, München 1989

Suzuki, Shunryu: Zen-Geist, Anfänger-Geist, Theseus, Zürich 1990

Stutz, Pierre: Was meinem Leben Tiefe gibt, Herder, Freiburg im Breisgau 2002

Tolle, Eckhart: Stille spricht. Wahres Sein berühren, Arkana, München 2003

Watzlawick, Paul: Anleitung zum Unglücklichsein, Piper, München 1983

Wetzel, Sylvia: Leichter leben. Meditationen zum Umgang mit Gefühlen, Theseus, Berlin 2002

Wiederkehr, Katrin: Wer loslässt, hat die Hände frei, Scherz, Bern 1997

Wiederkehr, Katrin: Lieben ist schöner als siegen. Verrat und Versöhnung bei Paaren, Pendo, Zürich 2005

Zurhorst, Eva-Maria: Liebe dich selbst – und es ist egal, wen du heiratest, Goldmann, München 2004

Anmerkungen

[1] Saint-Exupéry, S. 95f.

[2] Inspirierende Geschichten zur Schatzsuche in uns selbst sind unter anderen Buber, Martin: Der Weg des Menschen. Lambert Schneider, Heidelberg 1967 und Coelho, Paulo: Der Alchimist. Diogenes, Zürich 1996

[3] Pessoa, 1986, S. 23. Pessoa hat mit seinen Werken in Europa einen weitreichenden Erfolg zu verzeichnen. Es gibt zahlreiche Bücher, Filme und Kongresse, die sich mit seinem Werk beschäftigen. Es scheint, dass er eine für viele Menschen stimmige Seelenbotschaft vermittelt.

[4] Pessoa, 1987, S. 181. Pessoa hat an sich selbst und an seinen Selbsten gelitten. Vermutlich hätte er es nie ertragen, dass ihn, den nicht Liebenswerten, ein Mensch liebt. Deshalb äußert er dieses Verständnis von Selbstliebe, die gar keine Selbstliebe ist, sondern eher Selbstverachtung bedeutet.

[5] Vgl. dazu vor allem Reddemann, 2001 und 2004. Reddemann vermittelt auch weitere Imaginationen zum Thema, z. B. „Mit sich selbst Frieden schließen“ und „Das innere Kind kennenlernen“.

[6] Die Selbste sind nicht nur ein literarischer, sondern auch ein psychoanalytischer Begriff. Bereits Sigmund Freud und C. G. Jung haben von den Selbsten gesprochen. Die narzisstische Selbst-Problematik, gar Selbst-Pathologie scheint nach Mentzos bei allen psychischen Störungen eine Rolle zu spielen. Die Begrifflichkeit des Selbst ist auch „ein Übermaß“, ganz normal, aber auch pathologisch. Mentzos, 1989, S. 295

[7] Vgl. Reddemann, 2001, S. 42f. Ich habe die Übung leicht abgeändert. Es gibt von Reddemann und anderen auch CD-Aufnahmen für Übungen mit dem inneren Kind, die man für sich hören und ausprobieren kann.

[8] Ich verdanke den Hinweis auf Tauler und die Inspiration zu diesem Abschnitt Stutz, 2002, S. 104ff.

[9] Pinkola Estés, 1993, S. 412f. Die Autorin von „Die Wolfsfrau“ weist eindringlich darauf hin, wie sich die Geheimnisse zumeist

um Liebe, Sex, Geld und Macht drehen; notabene auch in Therapien die heißen Themen. Und sie zeigt die wundersame Wirkung des Erzählens von Geschichten: der eigenen und aller jener archetypischen Geschichten aus ihrer Heimat Lateinamerika, aus Märchen und Sagen, die uns stellvertretend unsere Scham- und Schuldprobleme lösen helfen.

10 Vgl. dazu die höchst eindrückliche Schilderung des dumpfen, schamdominierten Landlebens, das Handkes Mutter in das wunschlose Unglück und in den einzigen Wunsch, den sie noch hatte, den Selbstmord, getrieben hat. Handke, 2003.

11 Watzlawick, 1983. Erinnert sei an die berühmte Geschichte vom Mann, der einen Hammer bräuchte, aber nicht wagt, ihn beim Nachbarn zu holen. Er verheddert sich in abstrusen Vorstellungen, dass ihm der Nachbar den Hammer möglicherweise nicht geben möchte. Wie er schließlich an der Türe des Nachbars klingelt und dieser ahnungslos öffnet, beschimpft er ihn mit den Worten „Behalten Sie Ihren blöden Hammer, Sie Dummmann."

12 Gobodo-Madikizela, 2003. Es ist m. E. eines der wichtigsten Bücher über den Versuch, sowohl Gewalt als auch die Verstrickungen von Tätern und Opfern zu verstehen. Und Versöhnung zu suchen, damit die Menschen ihre Würde und Menschlichkeit wiederherstellen können. Ich bin in meinem Buch über Versöhnung ausführlich darauf eingegangen. Vgl. Ley, 2005a

13 Norwood, 1990, S. 26ff.

14 Aus dem Gedicht „Stufen" von Hermann Hesse.

15 Ich danke Mirjam (Deckname) dafür, dass sie mir ihr Gedicht überlassen hat.

16 Gibran, 1984. Gibran drückt das Grenzenwahren und Grenzenrespektieren in allen Lebensbereichen poetisch aus: zwischen Liebenden, zwischen Eltern und Kindern, im Leben und auch angesichts des Todes.

17 Gibran, 1984, S. 16

18 Psychologisch Interessierte verweise ich hier unter anderem auf Mentzos, 1989.

[19] Der Begriff, nicht Herr im Haus zu sein, wurde von Sigmund Freud zur Veranschaulichung der Kraft des Unbewussten verwendet.

[20] Das Beispiel von Marianne verdanke ich Marina Gambaroff: Sag mir, wie sehr du mich liebst. Rowohlt, Reinbek b. Hamburg 1990, S. 102.

[21] Schnarch. Er ist nicht der einzige Paartherapeut, der die von ihm so genannte selbstbestätigte Intimität als wichtiges Element gelingender Liebe beschreibt. Er tut es auf eine besonders eingehende Art und entwickelt sein Konzept im Verlaufe des Buches an immer neuen, eindrücklichen Beispielen aus seiner Praxis.

[22] Vgl. Schnarch, S. 471ff.

[23] Vgl. Wiederkehr, 2005, S. 236

[24] Dies ist ein Thema, das ich weiter bearbeiten möchte. Die Entwicklung ist paradox. Psychotherapie ist wie nie zuvor ein gesellschaftliches Angebot, das immer mehr Menschen in Anspruch nehmen. Wir leben in einer Gesellschaft, die wie nie zuvor den einzelnen Menschen die Möglichkeit gibt – oder vorgaukelt? –, ihr Leben selbst zu gestalten. Trotzdem gibt es immer mehr psychisch leidende Menschen.

[25] Das ist eine pessimistische Feststellung. Sie weist darauf hin, dass das Helfen immer wieder hinterfragt werden muss. Helfen, damit es einem selbst besser geht, kann nicht das hilfreiche Helfen sein. Die hilflosen Helfer sind seit längerem ein immer wieder zu bearbeitendes Thema.

[26] Goleman und Dalai Lama haben dazu das wunderbare Buch geschrieben „Wie wir destruktive Emotionen überwinden". Der Buddhismus hat zum Thema des Umgangs mit destruktiven Gefühlen ein tiefes Wissen zu vermitteln. In diesem Buch wird eben dieses Wissen mit den neuesten neuropsychologischen Erkenntnissen des Westens in einer Gesamtschau aufgezeigt.

[27] Rilke, S. 199 (Das Stundenbuch)

[28] Baltes, Paul B. (Altersforscher), Interview „Weise werden kann jeder – der Bauer, der Professor und die Großmutter", in: NZZ am Sonntag, Zürich 26. 11. 2006

[29] Rilke, S. 405.

[30] Ich verdanke diese Meditation dem Sterbeforscher und -therapeuten Stephen Levine: Meetings at the Edge. Dialogues with the Grieving and the Dying, the Healing and the Healed. Gateway, Dublin 1984, S. 110ff.

[31] Für weitergehende Meditationen: Wetzel sowie Goleman/Dalai Lama; vgl. auch Fußnote 38.

[32] Ein Märchen der Gebrüder Grimm.

[33] Es ist mir wichtig, die Eigenverantwortlichkeit für das eigene Denken zu betonen. Gleichzeitig muss erwähnt werden, dass Menschen in so misslichen Situationen aufwachsen und leben können, dass ihnen jede Möglichkeit zur Eigenverantwortlichkeit genommen wird.

[34] Vgl. dazu Ley, 2005.

[35] Vgl. dazu Ley, 2005. Die Versöhnung „sich selbst zuliebe" wird dort ausführlich behandelt.

[36] Naikan ist eine aus Japan stammende Methode der Selbstprüfung. Sie geht von der Dankbarkeit aus, die man den verschiedenen Menschen schuldet, die einen gefördert haben. Dies ist ein Kontrast zu den Fragen, die wir uns im Westen oft stellen, nämlich danach, was Menschen uns eben gerade nicht gegeben und vermittelt haben. Naikan wird auch in unseren Landen als Selbsterfahrung angeboten, vgl. Internet.

[37] Ich verdanke die Wiederentdeckung von Meister Eckhart Pierre Stutz, 2002, S. 64.

[38] Wird einem unbekannten christlichen Mystiker zugeschrieben.

[39] Grabspruch des Sufimeisters Rufi in der heutigen Türkei.

[40] Tolle, 2003, S. 122.

[41] Anna Lee Walters aus dem Indianerstamm der Pawnee-Otoe.

[42] Ich verdanke diese Zitate Kast, in: Chr. Neuen (Hg.), S. 7ff.

[43] Goleman/Dalai Lama; Chödron; Khema; Suzuki, und Wetzel.

[44] Dieser wunderbare Satz stammt vom Mystiker Angelus Silesius aus seinem „Cherubinischen Wandersmann".

[45] „Schöne Tage“ ist der Titel des Anti-Heimatromans des österreichischen Schriftstellers Franz Innerhofer, ein eindrücklicher, beklemmender Text vom Unglück des Landlebens (1974). „Schöne Tage“ wünscht sich Handkes „wunschlos unglückliche“ Mutter in ihrem Elend auf dem Lande, wo ihr die große Scham, aufzufallen, jegliches Wünschen verbietet. „Schöner Leben?“ ist der Titel des Buches von Schmid über die Lebenskunst.

[46] Vgl. dazu die Meditationen über Schönheit von Cheng, 2006, insbesondere S. 36

[47] Schmid, S. 177ff.; vgl. auch Fußnote 40.

[48] Platon, S. 47

Ratgeber

Verena Burgbacher / Carola Eißler
Schluss mit dem schlechten Gewissen
Wege zu mehr Lebensfreude
Band 5548

Ein chronisch schlechtes Gewissen drückt auf das Selbstwertgefühl. Die alltäglichen kleinen Schuldgefühle bewusst angehen, sich weniger aufladen. So kommt man den eigenen Wünschen ein Stück näher.

Frederic F. Flach
In der Krise kommt die Kraft
Das Geheimnis unserer seelischen Ressourcen
Band 5574

Wieso durchstehen einige Menschen Krisenzeiten recht gut, während andere heftig leiden? Resilienz ist das Zauberwort. Sie haben ihr seelisches Immunsystem gestärkt und so die nötige Balance gewonnen.

Anselm Grün
Quellen innerer Kraft
Erschöpfung vermeiden – Positive Energien nutzen
Band 5939

Ausgelaugt und innerlich leer – für viele ein Dauerzustand unter dem Druck des Alltags. Aber: Quellen der Kraft gibt es in jedem Leben! Anselm Grün zeigt, wie es gelingt, zu diesen Ressourcen Zugang zu finden.

Daniel Hell
Aufschwung für die Seele
Wege innerer Befreiung
Band 5572

Wer sich auf das leibseelische Erleben einlässt, gewinnt an innerer Stärke: das Leben bekommt eine größere Spannweite. Eine neue hilfreiche Sicht.

Luise Reddemann
Eine Reise von 1.000 Meilen beginnt mit dem ersten Schritt
Seelische Kräfte entwickeln und fördern
Band 5448

Auf den ersten Schritt kommt es an: Neue Lebensfreude entdecken – die inneren Heilkräfte aktivieren. Die Autorin gibt hier ihre lange therapeutische Erfahrung weiter.